超入門MMT

藤井 聡

MdN新書
029

はじめに

ＭＭＴ（現代貨幣理論）とは、一般的によく言われる「財政破綻《はたん》」というものが、根本的にウソであるということを、事実をもって完璧に証明してみせた経済理論です。

ＭＭＴは、現代の貨幣は政府がつくっているものであるから、つくったものによって政府が破綻することはない、つまり国債の発行によって政府は破綻しない、ということを明らかにしました。

なぜそういうことになるのか、ＭＭＴの理論を使うと日本がどう良くなっていくのか、それをわかりやすく説明していくのが本書の狙いです。

２０２１年10月、第49回目の衆議院議員総選挙が行われました。私は、この選挙を見ていて、ＭＭＴという言葉を使う・使わないはともかく、ＭＭＴ理論への同意が与党野党を問わず、政治家の間でかなり広がっていると感じました。

ＭＭＴという言葉は使わないにせよ、事実上、ＭＭＴを主張する人は、「財源は国債である」という言い方をします。国債を発行しても破綻しないということがＭＭＴ理論の最大のポイントであり、ひとつの柱です。これを理解していれば、政策を実行していくために必要なオカネ、つまり財源は国債を発行して用意することになんの問題もない、ということになるのです。

たとえば与党で言えば、自民党の西田昌司さん、公明党の竹内譲さんといったお二人は、ＭＭＴという言葉を使っておられますが、ＭＭＴという言葉を使わずにＭＭＴが訴えかける政策論と大きく重なる主張をされている方は、もっともっとたくさんおられます。

その代表的な方としてあげられるのが、自民党の安倍晋三さんや高市早苗さんということになるのではないかと思います。

野党で言えば、れいわ新選組の山本太郎さんはＭＭＴを積極的に主張されています。国民民主党の玉木雄一郎さんもＭＭＴの理解に基づく主張をされているように思います。立憲民主党の馬淵澄夫さん、泉健太さんといった方々は、ＭＭＴに直接言及しないにせよ、事実上、ＭＭＴに基づいた政策を主張されているように思います。

「財源は国債だ」という言い方と並んで、もうひとつの重要なキーワードは「プライマリー・バランス規律の凍結」です。

本書の中であらためて詳しく説明しますが、簡単に言うと、「政府の収支と支出のバランスこそが重要で赤字は解消しなければいけない。黒字化すべきだ」という考え方がプライマリー・バランス規律です。

実は、このプライマリー・バランス規律こそが、日本がデフレから脱却できないでいる最大の元凶です。この点も本書の中でじっくり説明していきます。

「プライマリー・バランス規律を凍結する」ということは、結局、「財源は国債であるということを許容する」ということを意味します。なぜならば、「プライマリー・バランス規律＝プライマリー・バランス赤字をなくす」ということは、「国債を発行しない」ということになるからです。

そもそもプライマリー・バランス赤字分は国債発行で賄《まかな》わなければならないのですが、その赤字をなくすということは国債を発行しないことを意味します。つまり、プライマリー・バランス規律は国債発行禁止規律なのです。だから、「プライマリー・バランス規律の凍結」という主張は、「国債を財源として認める」と主張することに等しいわけです。

したがって、プライマリー・バランス規律の凍結を主張する人は、ＭＭＴの理論を（そうとは言わないにしても）採用している論者であると解釈できるわけです。

そして本年（２０２１年）10月の総選挙ではプライマリー・バランス規律の凍結を、いわ新選組と国民民主党は明確に公約として掲げ、立憲民主党も同様に言及しました。これはつまり、今回の衆院選挙の各党公約には、ＭＭＴの思想が（その言葉が明確に使用されずとも）反映されていたことを意味しています。

さらには、２０２１年9月に行われた自民党総裁選の最大の理論的重要キーワードは、まさにプライマリー・バランスでした。

総裁選に立候補した高市早苗さんは、プライマリー・バランスの凍結を主張して、他の候補者との間の政策論的な「差別化」を大きく図りました。

高市さん自身は、ＭＭＴという言葉は使っていないにしても、ＭＭＴ的な思想の広がりを示すものとして、これは大きな意味を持っていると思います。

もちろん今のところ、ＭＭＴやプライマリー・バランスについての認識は、必ずしも国民の間に十分に広がっているとは言えません。そうした中で、あの総裁戦時に、ある種の「高市旋風」があったのだとしたら、その旋風をつくり上げた最大とも言える重要な一要素が、「プライマリー・バランスの凍結」であったと解釈することができるでしょう。

なぜなら、高市さんはプライマリー・バランスの凍結を前提としたからこそ、さまざまな政策を大胆に提案することが可能になったからです。

プライマリー・バランス規律の下では、国債が発行できず、十分な財源を確保できなくなります。だから大胆なことが言いづらくなる、あるいは、中途半端な言い方しかできなくなるのです。

実際、かの総裁選で高市さん以外の候補は、いずれも（その勝者も含めて）、その主張が「中途半端」で「曖昧《あいまい》」なものにならざるを得なかったことは、皆さんも実感をもって理解されているのではないかと思います。

政治家のそうした中途半端で曖昧な物言いに国民は「辟易《へきえき》」し「うんざり」していた中で、プライマリー・バランス凍結論を前提とした高市さんだけが、ズバリとハッキリとした政策論を展開できたことが、高市さんに対する期待を拡大させたわけです。

ちなみに、ＭＭＴの歴史についても本書の中で解説しますが、ＭＭＴがまずアメリカにおいて注目されることになったきっかけは、２０１８年に一大旋風を巻き起こしたアレクサンドリア・オカシオ＝コルテスという民主党の若手女性政治家による発言でした。

ＭＭＴに基づく、財政赤字を気にしない積極的な財政拡大で経済を活性化させていき、徹底的に雇用を守る、というものです。

日本の高市旋風は、この米国のオカシオ＝コルテス旋風と（政治的なスタンスは大きく異なりはしますが）、「積極財政」をベースとして国民を救い出す政策を大胆に進めるという主張が、大きな国民的支持を巻き起こしたという点において、同じ構造を有しているように思います。

なんと言っても多くのアメリカ人は「ＭＭＴとはなにか？」ということなど知らなかったけれども、雇用を完全に守ってくれるのだということで、オカシオ＝コルテスに大きな期待が集まったわけですから。

このように、ＭＭＴには、その政治家の公約のエッジを立てる、公約をわかりやすいものにする、という効果があります。

これまで、従来の政治に対抗できる、わかりやすいキーワードは「改革」しかありませんでした。このキーワードは、いまだにしぶとく人気があります。

総裁選に敗れたとはいえ、河野太郎さんの人気があるのも、とにかく彼が「改革」を声《こわ》高《だか》に叫ぶからでもあります。

あるいは2021年10月の総選挙で日本維新の会が一定の票を集めたというのも、「身を切る改革」という党のスローガンがわかりやすかったからでしょう。

逆に言うと、「プライマリー・バランス規律」を金科玉条《きんかぎょくじょう》のものとしている限り、政治家がエッジを立てた発言をするには、「改革」というキーワードで叫び倒すしか方法がない、とも言えるわけです。

しかし、高市さんのように、プライマリー・バランス規律の凍結ということを冒頭で理論的に言っておけば、財政政策を伴うさまざまな政策を明確に主張することが可能となります。

一方で、今までの政治家たちは皆、「プライマリー・バランス規律」の呪縛《じゅばく》に多かれ少なかれとらわれています。だから、消費税の減税であったり、給付金であったり、未来への投資であったり、コロナ対応の拡充といったような、国民が本当に切望している政策をはっきりと言うことができなかったのです。

ところが、今や政治家の手には、MMTという理論的なバックグラウンドのある「プライマリー・バランス規律の凍結」という伝家の宝刀が与えられたわけです。

高市さんはそれを積極的に活用し、当初「泡沫《ほうまつ》候補」とすら言われていた厳しい状況から一転し、「高市旋風」を巻き起こすことに成功したわけです。

こう考えると、ＭＭＴとは、経済理論として重要な意味を持つものであることもさることながら、政治的、政局的な意味でも重大なものであると言うことができます。

そもそも、これまでの政治では、「財政規律」が政治家たちの自由な政策論に手枷足枷《てかせあしかせ》をはめ、「これまでの古い政治を続ける」か、「改革する」かといった二元論に政策論が限定されてしまっていました。

「これまでの古い政治」に幻滅しているものの、「改革」なるものも事業仕分けや民営化を繰り返すだけで一向に結果を出さず、結局、期待できない……。そんな気分に陥る国民が年々増えていき、その結果、多くの国民が政治に本格的関心を持つことができなくなりました。そして、いつしか政治なんて私たちには関係ないものなんだ、という気分が蔓延《まんえん》していったわけです。

仮に、政治に対してなにかやってほしいという希望を持ったとしても、すぐに「オカネがないんだからできないよ」ということになり、ひたすら絶望感を広げ続けてきたわけです。

ところが、プライマリー・バランス規律を凍結し、国債を財源とみなしてよいのだという議論を導入した途端、政策の自由度が一気に高まり、これまでの改革一辺倒の政治とはまったく異なる、高市早苗氏やオカシオ＝コルテス氏らに象徴される明るく前向きな政策論が可能となったのです。

つまりＭＭＴが「国民国家のための政策論」に魂を吹き込み、その国民の幸福と国家の反映のための政治が現実的に駆動されることになるわけです。その結果国民は、政治をこれまでのように自分たちとは関係のないよそよそしいものでなく、自分自身に直接関係する近しいものとみなすことになりうるのであり、本格的な興味や関心を抱くことができるのです。

これこそ、民主主義が効果的に展開していく上で必要不可欠な状況と言えるでしょう。

このことはつまり、仮にＭＭＴという言葉を直接使わなくても、国債を財源としてもよいのだ、プライマリー・バランス規律は国が成長するまで凍結する、という「積極財政論」の立場に立つだけで、その国の民主主義を本格的かつ効果的に駆動させ、その国自体の反映を促す契機をもたらすことになるのです。

総裁選のときに垣間見られた「高市旋風」は、まさにその可能性を具体的に指し示したものと言うことができるでしょう。

この積極財政論による旋風を巻き起こしたのは、保守派の高市さんとは政治的な立場を異にする、リベラル派の山本太郎さんであったと思われます。

２０１９年の参議院選挙で彼に大きな人気が巻き起こったのは、国民のためにどういう具体的経済政策をやるか、ということを訴えたからです。

れいわ新選組は２０２１年現在、参議院の２人と衆議院の３人、計５人の国会議員を獲得しています。バックに利益団体があるわけでもないし、地元に張りついて地域ポピュリズムを活性化させたわけでもない。それにもかかわらず、いわば政策一本、ＭＭＴ一本で５人の国会議員を獲得したという事実は、わずか５人とはいえその示唆《しさ》は大きいと考えます。

ＭＭＴには、緊縮財政というものを理論的に打ち砕く効果があります。緊縮財政が打ち砕かれれば、今までくびきをはめられていた政治家、あるいは民主主義というものが自由にはばたくことが可能になる。ＭＭＴの最大の有用性、最大の効力、メリット、意義、歴史的意義はここにあるのだと私は思います。

みんなで政治を考えよう、オカネがないからなにもできないというわけじゃない、政治は政治家のものでも官僚のものでもなくて「国民のものである」――。

本書でこれからお話をしていくＭＭＴは、そういう発想を活性化するものだと私は思っています。

超入門ＭＭＴ——目次

第三章 なぜMMTはトンデモ理論と言われたの？

第四章 ＭＭＴは本当に日本を良くするの？

第五章　MMTってどう使えばいいの？

第一章 どうしてMMTは話題になるの？

日本はホントに「借金地獄」なの？

日本のオカネについて、次のような話が連日、テレビや新聞で（さらには学校の教科書まで巻き込んで）繰り返されています。

日本の借金は1千兆円を超えるほど膨大に膨らんでしまっている。このままでは日本が破綻《はたん》して大変なことになってしまう！

これを鵜呑《うの》みにして、「政府の借金を返さなきゃエライことになる。であるなら、たとえば消費税が上がるのも仕方がない」と信じてしまっている人も少なくありません。

加えて政府がまた、この話に従って政策を展開していますから、多くの国民が「エライことになる」と信じてしまうのも仕方のないことです。

「借金で日本が破綻する」という最悪の事態を避けるための、「緊縮」と呼ばれる、政府の支出を減らして収入を増やす対策が「財務省」を中心に長期間にわたって展開されてきました。

消費税は２０１４年に８％に、２０１９年10月には10％に増税されました。消費増税には多くの国民が反対していますが、それでも実施されてきているのは、ひとえに、「このままでは借金で日本が破綻する」という声が強烈に存在しているからです。

そんな状況の中で、ＭＭＴ（現代貨幣理論）という経済理論は、「日本政府が日本円の借金で破綻することはない」と主張しています。だから、ＭＭＴは話題になり、注目されてもいるわけです。

「ホントに破綻しないの？」「財政破綻、財政破綻、とテレビや新聞で毎日あんなに決まりきったことのように言っているのにホントに大丈夫なの？」と疑問に思う人は多いでしょう。

しかし、日本政府が日本円の借金で破綻することはない、ということは、実は当たり前の事実です。

まず、財務省自身が、「日本政府が日本円の借金で破綻することはない」ということを公式に書面で述べています。

財務省は２００２年に、外国格付け会社３社（Moody's／Ｓ＆Ｐ／Fitch）宛に意見書を出しました。この3社は、投資家へのサービスとして株や国債などの信用度を定期的に格付けして発表する事業を行っていて、その発表に対して財務省が、日本国債の格付けを格下げするとは何事かとクレームをつけたのです。

そして、そのクレームの根拠の第一として、財務省は次のポイントを上げています。

日・米など先進国の自国通貨建て国債のデフォルトは考えられない（『財務省ウェブサイト』「外国格付け会社宛意見書要旨等について　２００２年５月２日」外国格付け会社宛意見書要旨・和訳より）。

デフォルトとは「債務不履行」、つまり借りたオカネが返せなくて「破綻」する、という意味です。財務省は、日本は日本円の国債でデフォルトはしない、と断言し、「破綻などするわけがないのに格下げとはどういうことか」とクレームをつけたわけです。

繰り返しますが、日本政府が日本円の借金で破綻することはない、ということは、実はＭＭＴが主張するまでもなく、日本政府の財政を司る財務省自身が認める事実なのです。

そして、「なぜ日本政府が日本円の借金で破綻することはないのか」を理論的に説明しているのがMMTという経済理論です。それをこれからわかりやすくお話ししていこう、というのが本書の趣旨です。

追って詳しく説明しますが、「日本政府が日本円の借金で破綻することはない」にもかかわらず、「借金で日本が破綻する」という最悪の事態を避けるという名目で、消費増税やあらゆる項目の予算をカットする「緊縮」と呼ばれる対策がとられてきています。そのため日本は長期的なデフレ（デフレーション）に落ちこんだままであり、結果として日本人の給料は上がらないのです。

私たちが生活するうえでは、ここのところがいちばん問題だということは言うまでもないでしょう。

MMTという経済理論を知っておくと、私たちのまわりで起きているオカネにまつわる出来事の理由や原因、根拠など、今までわかっていなかったことまでいろいろと見えてくるはずです。

日本の財政評価方法は異常なの？

財務省が「日本政府が日本円の借金で破綻することはない」と公言したのは、すでに述べた通り、２００２年のことです。にもかかわらず、いまだに「財政破綻」はいたるところで執拗《しつよう》に叫ばれています。これは、なぜなのでしょうか。

２０２１年、月刊誌・文藝春秋11月号に、『財務次官、モノ申す「このままでは国家財政は破綻する」』という記事が掲載されました。財務省の矢野康治事務次官が寄稿した論文です。事務次官は事務方のトップであり、官僚のトップ、国家公務員にとって最高出世の地位です。

矢野事務次官は論文の中で、

《数十兆円もの大規模な経済対策が謳《うた》われ、一方では、財政収支黒字化の凍結が訴えられ、さらには消費税率の引き下げまでが提案されている。まるで国庫には、無尽蔵にオカネがあるかのような話ばかりが聞こえてきます》《今の日本の状況を喩《たと》えれば、タイタニック号が氷山に向かって突進しているようなものです。氷山（債務）はすでに巨大なのに、こ

の山をさらに大きくしながら航海を続けているのです》

と述べています。

結論から言えば、矢野事務次官の論文は間違いだらけで、彼の主だった主張は文字通り「すべて」事実と乖離《かいり》しているのです。

「日本政府が日本円の借金で破綻することはない」ということは、すでに財務省自らが公言しています。日本が日本国債で財源調達を続けている（つまり日本円で借金している）限りにおいて、矢野事務次官がタイタニック号を持ち出して語ろうとする「日本の沈没」などありえないと、財務省自身が述べているのです。

もはやこの一点で、矢野事務次官の論文の最重要ポイントは崩れ去っています。

矢野事務次官の論文にはツッコミどころがいろいろありますが、ここでは、あるひとつの点について、どこがどう間違っているのかを説明しておきましょう。

国家財政の健全性とはなにか、ということや、オカネとはどのように考えるべきものかということまでわかってくるはずです。

まず、「プライマリー・バランス」という用語をおさらいしておきましょう。

Primary Balanceは、略して「ＰＢ」と表記するのが一般的です。日本語では「基礎的財政収支」と言います。矢野事務次官の論文に「財政収支黒字化の凍結」とありますが、この「財政収支」がＰＢです。

収入と支出を計算して、そのバランスを見ることを会計と言いますね。国の予算にももちろん会計があり、国の基礎的な活動を行うための支出と収入の会計を「一般会計」と言います。

一般会計を行って、「歳入（一年間の収入、つまり一年間の税収）総額から国債等の発行（いわゆる借金）による収入を差し引いた金額」と「歳出（一年間の支出）総額から国債費（国債の元本返済や利子の支払いにあてる費用）を差し引いた金額」のバランスを見ることを、ＰＢ（プライマリー・バランス）を見る、と言います。

簡単に言うと、「税収と支出の差」がＰＢだ、ということです。

財務省のウェブサイトでは、ＰＢは《社会保障や公共事業をはじめさまざまな行政サービスを提供するための経費（政策的経費）を、税収等で賄えているかどうかを示す指標です》、と説明されています。

日本のＰＢは、１９８８年から１９９２年まで黒字だった時期がありますが、それ以前と以降は赤字で、２０２１年3月に可決された２０２１年度予算は一般会計の総額が１０６兆６０９７億円で、そのＰＢは20兆３６１７億円の赤字となっています。

コロナ禍の影響で、２０２０年、２０２１年は、政府の支出は大きく増えました。

日本の借金は膨らみ続けていて、このままでは日本が破綻して大変なことになってしまう、という主張は、この、ＰＢの赤字状態が続いていることを指して、「大変なことになってしまう」としています。

ＰＢの赤字状態はいずれ財政破綻を招く。つまるところは増税して政府の収入を増やし、ＰＢをプラマイゼロに近く、理想的には黒字にしていかなければならない、ということを解決方法とし、日本は長年、この方針をとってきています。

この考え方を基本とすること、つまりＰＢの赤字解消を目指して対策をとることを、「プライマリー・バランス規律を守る」、と言います。

ここには、大きな問題があります。国家財政が健全であるかどうか、その指標ははたしてＰＢでよいのか？　という問題です。ＰＢだけをみて財政の問題を語れるのか、ということです。

実は、国家財政が健全かどうかを評価するときにＰＢを基準としている国家は、先進国と言われる国々の中では日本だけです。国際常識として、ＰＢを基準とすることは特殊というより異常なのです。

緊縮財政ってなに？　積極財政ってなに？

では、他の国々では、なにを基準としているのでしょうか。

諸外国においては「国債残高／ＧＤＰ」という指標を見ています。「国債残高／ＧＤＰ」の「安定化」を図ることを、財政運営における最重要基準とするのが一般的です。

ＧＤＰは、「Gross Domestic Product」の略語です。日本語で「国内総生産」と言います。「一定期間内に国内で新たに生み出された財やサービスの付加価値の総額」などと用語解説されますが、具体的には「政府支出と民間支出（および海外収支）の合計値」です。

さらに簡単に言うと、ＧＤＰは「国民の給料の総額」です。結果としてそうなります。

先進各国は、このＧＤＰに対する国債残高、つまり政府の借金総額の割合を安定化させるよう対策します。「国債残高／ＧＤＰ」の「安定化」を図ることが、各国における財政運営のポイントです。

そして、この「国債残高／ＧＤＰ」の「安定化」を図るための必要条件として、ＰＢの黒字化を掲げている国などはありません。
ところが、矢野事務次官の論文には次のように書かれています。
《財政出動を増やせば、単年度収支の赤字幅（正確に言えば基礎的財政収支赤字のGDP比）が増えてしまい、それを相殺《そうさい》してくれるはずの「成長率－金利」の黒字幅との差が開いてしまいます。その結果、「国債残高／GDP」は増え続け、いわば、金利は低くても元本が増え続けてしまうので、財政は際限なく悪化してしまうのです》
わかりにくいと思いますので少し整理します。矢野事務次官の主張は次の通りです。
●「国債残高／GDP」の分母の「GDP」は「成長率」のスピードで大きくなっていく。
●一方、「国債残高／GDP」の分子の「国債残高」は「金利」のスピードで大きくなっていくと同時に、「PB赤字」でも大きくなっていく。
●だから、PB赤字があれば、仮に「成長率」が大きくても「国債残高／GDP」は大きくなってしまう＝財政は際限なく悪化してしまう。
●したがって、「国債残高／GDP」を安定させるためには、税収を増やすとともに政府支出を抑え、ＰＢ赤字をゼロにしてＰＢ黒字を目指さなければいけない。

この主張は間違っています。簡単な算数のレベルから言っても、「金利」のほうが「成長率」よりも低ければ、仮にＰＢが赤字でも「国債残高／ＧＤＰ」が改善、あるいは、安定化するケースが当然存在するだろうことは明らかです。

そして、致命的なのは、この論文にはＰＢ赤字を削減する目的で消費増税や支出カットを行うと「成長率」が下落して、「国債残高／ＧＤＰ」が悪化する場合があるという実証的事実がすっかり抜けている、ということです。

「割り算」がいくつか入ってややこしいので、ここで箇条書きでまとめてみましょう。

●政府支出をカットすれば、当然、ＧＤＰの「成長率」は下落します。なぜならＧＤＰには政府支出が含まれるからです。
●消費増税によっても「成長率」は下落します。消費増税が、成長のメインエンジンである消費を縮小させることは、理論的にも実証的にも明白となっています。
●予算カットや消費増税によって「成長率」が下落すると、税収が減るであろうことが理論的に予想されます。事実、「成長率」が下がると翌年の税収が下落するという明確な関係が指摘されています。逆に言えば、成長率が上がれば翌年の税収は増えます。

●税収が下がれば、当然、ＰＢが悪化することが理論的に予想されます。「成長率」と翌年のＰＢが、非常に強く連動していることは実証されています。

つまり、ＰＢ赤字の解消を目的として予算カットや消費増税を行えば、理論的に言って「国債残高／ＧＤＰ」は悪化するのです。さらには、ＰＢも悪化します。

確かに「短期的」には、予算カットや消費増税を行うことで、「国債残高／ＧＤＰ」を直接的に調整できます。これは、算数を少しでも学べば理解できる程度の単純な計算結果です。なんと言っても、そうすれば分子の国債残高が「一瞬だけ」小さくなり、「国債残高／ＧＤＰ」の値は「一瞬だけ」小さくなるからです。

そして、矢野事務次官の論文は、無知のせいか恣意《しい》的かはともかく、ここにとどまっています。

つまり矢野事務次官は、「成長率下落による税収減およびＰＢ悪化効果」と「消費増税による成長率下落効果」を無視しています。

そんな効果は存在しないものとして、消費減税の回避と支出カットを通してPB赤字を削減することが、「国債残高／GDP」を改善するためにどうしても必要であると言っているのです。しかも彼は、この結論には「異論の余地はない」、とまで大見得を切っているのです。

矢野論文がいかなる間違いを冒《おか》しているのか、おわかりいただけましたでしょうか。もし、ここでの主張が少々ややこしいとお感じであったとしても、矢野氏が「議論の余地はない」と断定していることそれ自身は、絶対に間違っている、ということはご理解いただけるでしょう。なんと言っても、筆者個人の指摘故にもちろん恐縮な話ではありますが、理系大学教授が真剣に「矢野さんは間違っている！」と必死に断定するくらいに「議論の余地」が存在しているのですから。

実は私は、そもそも（本書を読み進むうちにおわかりいただけると思うのですが）財政再建が必ずしも重要性の高いものであるとは、まったく考えていません。だから本当のことを言えば、「これでは財政再建などできないではないか」という論点で、矢野事務次官の論文がおかしいと指摘しているわけでは「ない」のです。

ですが、そうした筆者の「本来の思い」はいったん脇に置いておいて、百歩譲って「仮に財政再建が重要な行政目的である」と考えたとしても、この論文の主張通りに「消費減税回避や支出カットを通してPB赤字を削減する」という財政を続ければ続けるほど（真の財政健全化の基準である国債残高／GDPという基準でもって）「財政が悪化」していくことは当然ありうるのです。かつ、実際にそうなっていることが実証的に示されているのに……矢野事務次官は、そんな事実をすべて完全に無視している。

だから間違っている、と言っているのです（もうホントにでたらめ中のでたらめの話なのです）。

増税や政府支出の削減で財政の均衡を図る、つまりPB赤字を削減しようとする政策を「緊縮財政」と言います。一方、政府が積極的に支出を増やして市場を活性化させようとする政策を「積極財政」と言います。

日本はすでに20年以上、デフレ不況の中にいます。こうした状況下では、これまで日本が同じく20年以上続けてきた「緊縮財政」を捨て去って、「積極財政」を採用するほうが、財政再建を実現する可能性が（理論的にも実証的にも）圧倒的に高いのです。

重要なのは「成長」です。「成長」のためには、世の中に流れるオカネの量を増やすことが必要です。

「政府支出」とは、世の中に流れるオカネの量を増やす、ということです。そして政府支出は、国債を発行することで準備されます。

つまり、政府が借金することでこそオカネが生まれる、世の中に流れるオカネの量が増える、そこをケチってはいけない、ということなのです。

ですが、この話が「ピン」とくる人は、それほど多くないかもしれません。そこで一人でも多くの方に、以上にお話しした内容についてしっくりとご理解いただくことを目指し、まずは、「そもそもオカネとはなにか？」という話から始めることにしましょう。

その一点さえ直感的にわかるようになれば、「結局ＭＭＴとはなんなのか？」ということが、いとも容易《たやす》く見えてくることになるでしょう。なんと言っても、ＭＭＴは「現代貨幣理論」なのですから、貨幣とはなにか？　オカネとはなにか？　というポイントがすべての出発点になっているからです。

第二章　そもそもオカネ（貨幣）ってなに？

財布に入っている一万円札ってなに?

オカネの話の皮切りに、まず、皆さんの財布に入っている「一万円札」というものについてお話をしたいと思います。

今、手元に一万円札がある人はちょっと見てください。千円札でもかまいません。壱万円また10000、千円また1000という数字と、そしてもうひとつ、とても重要なことが印刷されています。「日本銀行券」と書かれているはずです。

これがポイントです。一万円札ないし千円札は、「日本銀行」の「券」だということです。つまりこれは、日本銀行が量においても好きなだけ印刷できる券である、ということを意味しています。

「好きなだけ」とは言っても、もちろんいろいろな取り決めがあります。日本銀行法の第四条には次のように書かれています。

《日本銀行は、その行う通貨及び金融の調節が経済政策の一環をなすものであることを踏まえ、それが政府の経済政策の基本方針と整合的なものとなるよう、常に政府と連絡を密

にし、十分な意思疎通を図らなければならない》

簡単に言えば、政府から完全に独立した判断で好き勝手をやってはいけないよ、ということです。

政府の経済政策の基本方針に沿って日本銀行券は刷られることになっている、ということです。

では日本銀行、略して日銀とはなんでしょうか？

日銀のウェブサイトでは、《日本銀行は、特別の法律（日本銀行法）により設立され、設立に関し行政庁の認可が必要な「認可法人」》と説明されています。

法人ですから日銀は会社です。政府機関ではありません。《行政庁の認可》とあり、日銀の現在の所轄は財務省です。

そしてまた、日銀は、《わが国唯一の中央銀行》と説明されています。中央銀行とは、「一国の金融制度の中心的機関として、特別法に基づき設立される、法定通貨の独占発券権を持ち、通貨量の調整をする銀行」です。

日銀は会社であり、出資証券を発行しています。つまり、外から出資を募《つの》って、それを元手として仕事をしている、ということです。

では日銀は株式会社なのかというと、そうではありません。株式会社の株主には会社の経営にもの申す、議決権という権利が持ち株数によって割り当てられますが、日銀の出資者には議決権はありません。つまり、株式会社ではありません。

日銀の資本金は1億円で、その出資割合は現在、政府55%、民間45%です。これは日本銀行法の第八条《日本銀行の資本金のうち政府からの出資の額は、五千五百万円を下回ってはならない》に基づきます。

ちなみに日銀の出資証券は個人でも売買できます。日銀は東京証券取引所のJASDAQ（ジャスダック）に上場していて取引可能です。当然、日銀の利益に基づいて配当金が出ます。

議決権はないけれども55%の出資証券を持っているのも、人事も決めているのも政府ですし、法律でも《常に政府と連絡を密にし》と決められている。こういう事実を並べて浮かび上がるのは、政府は日銀の親分なのだ、という実態です。だから実態として、日銀は政府の子会社であると言うことができます。

以上のことを踏まえた上で、政府は次のようなことを行うのです。

①政府が、国債を発行する。
②一方で、日銀が日本銀行券を刷る。
③日銀が、その日本銀行券を使って、政府から国債を買う。つまり、政府が日銀に国債を渡す代わりに、日本銀行券を受け取る（調達する）。
④政府がその日本銀行券を使う。

こうして世の中にはじめて日本銀行券が出回るようになったわけで、その結果として、皆さんの財布に一万円札がやってきたのです。

逆に言うと、政府がこういうことをしなければ、日本銀行券は一枚も世間には出回らなかったのです。この仕組みは「日本政府が円の借金で破綻することはありえない」理由のポイントでもあるのですが、それはおいおい説明していきましょう。

最初のオカネは「政府が使った」の？

いずれにしても、政府がなければ一万円札というオカネはこの世の中に存在していない、ということです。

オカネは生えていたり、落ちてきたりするものではありません。オカネは政府が日銀に刷らせるものです。ゼロからつくるものなのです。

さて、日銀がいくら一万円札を刷ったからといって、それがそのまま皆さんの財布の中に入ってくるわけではありません。では、なぜ一万円札が財布の中に入っているのか、ということを考えてみましょう。

この問題の答えは、「政府が最初にオカネを使ったから」です。政府がオカネを使ったから、財布の中に一万円札があるのです。

最初に、たとえば学校の先生や警察官、政府に机や鉛筆を納めた業者に、政府がその対価としてオカネを払ったのです。そのオカネが回り回って皆さんの財布の中に入ってきた、というわけです。

政府が先に支払ったからオカネがある、というこの考え方を「スペンディング・ファースト」と言います。これはMMTの用語です。

今の日本のオカネは「円」ですが、その「円」が世の中にまったく存在しない時代に、ある日突然、政府が事実上の子会社である日銀に命ずるかたちで現金を印刷する。そして公共事業を行い、その対価として取引業者に円を支払ったり、役人を雇って公務員給料を支払ったりする。こうして円がなにもないところから「使うこと」（スペンディング）で生み出されたわけで、これがスペンディング・ファーストです。

スペンディング・ファーストとは、「国民に公共事業をやってもらう」また「国民に公務をやってもらう」ということで生まれた「国民に対する政府の借り」を円で支払うという話です。

なぜファースト（最初）という言葉が、強調されているかについて説明しましょう。

多くの人は、政府の支出は国民から集めた税金に基づく、と考えています。つまり、国民から税金を集めるのがファースト（最初）だと考えがちです。

しかし、その実態は、政府は「国民から集めた税金を使っている」のではなく、税金とは無関係に、まず「最初」（ファースト）にオカネを「使っている」（スペンディング）のです。

国家予算という言葉があります。国を運営していくためには、これだけの資金が必要だという試算です。

この試算に基づいて政府はオカネを用意して支出していくわけですが、政府はまず、毎年国会で決められる予算に基づいて、何十兆円という資金を国庫短期証券という国債を出して調達します。それを一般会計と称して支出していきます。

「国庫短期証券を出す」とは、国庫の一時的な資金不足のために銀行などの金融機関から、1年以内の短期間でオカネを「借りる」、ということです。

国庫短期証券は、日銀の直接引き受けも可能です。政府は、1円の税金も使わずに、銀行からオカネを借りてさまざまな事業を行ったり、公務員給与を支払ったりしているわけです。

つまり、スペンディング・ファーストは、オカネのそもそもの起源を意味するものでもありますが、毎年毎年、政府において繰り返されているものでもあるのです。

銀行の預金はいったいどういうオカネなの？

ところで、オカネというと、最初に思いつくのは、先に解説した「一万円札」のような「紙幣」ですが、こういうオカネは一般に「現金貨幣」と呼ばれます。

ですが、オカネは、こうした現金貨幣だけではないのです。実は皆さんが持っている銀行口座に預けられている「預金」もまた、貨幣なのです。こうした貨幣は一般に、「預金貨幣」と言われています（あるいは、現金通貨と預金通貨と言われたりします）。

預金が貨幣だなんて、意味不明だと思われる方も多かろうと思いますが、よく考えてみてください。

銀行預金は銀行に行けばいつでも現金に換えることができますが、今では現金に換えることなくオカネを使うケースが多くなっています。クレジットカードはそのいい例ですし、たとえば公共料金の自動引落も現金は扱いません。サラリーマンの給料は、今は口座振込がほとんどでしょう。

このように、昔は会社の給料はすべて「現金」で支払われていましたが、最近では、大半の会社が「振込」で支払います。これはつまり、会社は皆さんに、銀行というシステムを使って「預金通貨」のかたちで給料を支払っているわけです。そして皆さんは、その一部を「銀行でおろす」ことを通して、「現金貨幣」に変換したりしますが、その多くを「預金貨幣」のかたちで保存しています。

つまり私たちは、オカネというものを、（財布の中に）「現金貨幣」というかたちで保有していると同時に、（銀行口座の中に）「銀行貨幣」というかたちで保有してもいるのです。

それと同じように、政府もまた、オカネを「現金貨幣」と「預金貨幣」のかたちで持つことができます。

現金貨幣は金庫の中に、預金貨幣は銀行口座の中に保存しています。

ただし、数十兆円規模の予算を動かす政府は、その政府保有のオカネのほとんどすべてを「預金貨幣」のかたちで保有しているということなのです。

「預金貨幣」はどうやって生まれるの?

現金貨幣は、日銀が印刷し、それを政府が借りて使うことで初めて「生み出される」という話をしましたが、預金貨幣はどうやって「生み出される」のでしょうか?

その答えは、「誰かが銀行で借りることで生まれる」です。

たとえば、あなたが銀行に行って「100万円を貸してください」と言えば、銀行は、あなたの口座の通帳に100万円という数字を書き込むのです。銀行が、100万円という数字を書き込んだ瞬間に、なにもないところから、100万円の預金通貨が生み出されたのです。

もちろん、あなたが誰かに100万円を貸してあげる場合、あなたの預金が100万円減って、誰かの預金が100万円増えるので、トータルとして預金通貨が増えることにはなりません。

しかし、銀行から借りた場合には、100万円の預金通貨が生み出され、この世に存在する預金通貨が100万円増えることになるのです。

この、銀行からオカネを借りて生み出されるオカネのことを一般的に「万年筆マネー」と言います。今はパソコンで数字を入力するだけで預金通貨が生み出されますが、かつては、預金通帳に100万円と書き込むことで生み出されていたので、こういう用語が使われています。ちなみにこれも、MMTにおける用語です。

現金預金も、政府が日銀から借りることで生み出される、というお話をしましたが、この話もここで言っている「万年筆マネー」の話と同様です。

ただ、現金預金を「つくる」ことができるのは、中央銀行の日銀だけですが、預金通貨はどこの銀行でも「つくる」ことができるという違いがあるだけの話です。

実際、政府が「スペンディング・ファースト」で政府の予算を調達する際は、日銀の万年筆マネーを調達しているのです。

そもそも政府のその予算も基本的にすべて「預金通貨」ですから、（国庫短期証券という国債で）政府が日銀からオカネを借り、借りる際に「万年筆マネー」として、政府の（日銀の中にある）銀行口座において、預金通貨が生み出されるのです。

貨幣とは貸借関係の記録なの？

さて、この「銀行預金」や、「万年筆マネー」について考えてみると、オカネというものがますますよく見えてきます。

私たちは日々、「稼いだオカネ」を「使う」という行為を繰り返しています。だから多くの人は、働くなどして、どこかにあるオカネを「もらってきて」「使う」ものだと素朴に考えています。

あるいは「オカネは日銀だけがつくることができて、日銀がつくったオカネが巡りめぐってやってきている」と多くの人が考えています。

工場で製品をつくるように、日銀が商品としてオカネをつくり出しているというイメージですが、それは貨幣を商品のようなものだと考える「商品貨幣論」と呼ばれるもので、古くそして間違った考え方です。

しかし、オカネというものは、刷ったからといってできるものではありません。先に「万年筆マネー」のところで解説したように、「人が人から借りることでできるもの」なのです。オカネは貸借関係から生まれるのです。というより、さらに正確に言うなら、オカネというものは、「貸借関係の記録」なのです。

とはいえ、こう言われても、すぐにはピンとこないかもしれません。

ここで、オカネのことはいったん忘れて、「貸し借り」について考えてみましょう。

もしあなたが、友人になんらかのかたちで助けてもらったとしましょう。そうなると、あなたは、その友人に対して「借り」ができます。逆に言えば、その友人は、あなたに対して「貸し」ができます。

そうなるとあなたは、その貸し借りの記憶がある限りにおいて、その友人に対する「借り」を返さないといけない、という気持ちを持つことでしょう（たとえば、なにか良いことをしてあげるとか、お礼の品物を渡すとか）。

一方で、その友人は、その貸し借りの記憶がある限りにおいて、あなたに対して「きっとこの貸しを返してくれるだろう」という期待を持つことでしょう。

つまり、我々人間の社会では、貸し借りというものの「記憶」は、その貸しを返すという行為を誘発する力を持つものなのです。

そして貸し借りというものにそんな力、パワーが秘められているのは、人間社会では太古の昔から洋の東西を問わず、「借りは返すもの」という暗黙のルールが徹底的に守られ続けているからです。そして、この基本ルールが、社会をつくり上げる最も根底的な基盤のひとつを成しているからなのです。

ただし、「記憶」は時に忘れ去られるもの。しかも、他人の記憶を強制的に覚えさせ続けておくということなどできません。したがって、人間社会は、この「貸し借りの記憶」が消えてなくならないように、紙切れを使って（昨今では電子データのかたちで）「貸し借りの記録」をつけるようにしたのです。

こうした貸借の記録があれば、それを持っている限りにおいて、それを持つ人は、そこに記録されている貸借の借りを返させる「力」を持つことになるのです。

先の「あなたが100万円を借りた」というケースで言うなら、あなたはその貸借記録を持っている人に対して、100万円に相当するなにか良いモノをあげるとか、なにかしてあげるとかしなければならなくなるわけです。そしてあなたの友人は、そうやって借りを返してもらったことを確認したとき、手元にある「借用証書」を、借りを返したあなたに手渡すことになります。

実は、こうした「なにかをしてくれた人に、貸借記録を渡す」という行為こそ、「なにかしてくれた人に、オカネを渡す」という「オカネを支払う」という行為の本質なのです。


さて、ここで万年筆マネーの話を思い出してください。

たとえばあなたが銀行に100万を貸してくれと言って、銀行が承諾し、あなたの口座に100万円と記載したとしましょう。このとき、あなたは、「100万円分の借り」が銀行に対してできたことになります。

一方、そのときあなたは、銀行にその100万円を借りたという「借用証書」を書いて渡すことになります。

つまり、あなたが100万円を借りたことで、「借用証書」ができ上がったのです。そしてこの借用証書は、あなたが100万円を返却して、貸借関係が消えてなくなったと同時に、破り捨てられます。

この借用証書は、あなたが100万円を借りているという貸借関係がある限りにおいて存在し、その貸借関係がなくなると同時に消えてなくなるのです。

ちなみに、銀行はこの借用証書を勝手に売り飛ばすことができます。

この借用証書は、１００万円の価値のあるものであり、商品として売ったり、１００万円の支払いに使ったりといったように、いろいろな活用の仕方があります。

なぜなら、その借用証書をしかるべきときにあなたのところに持って行けば、１００万円に化けさせることができるからです（あなたは、その借用証書を持っている人に１００万円を「返す」からです。しかし、巡り巡ってその借用証書を持っている人は、それが借用証書であるということをほとんど忘れていて、単なる１００万円に換金できるモノだと認識しているでしょう。一般にそういうものを「証券」と言います）。

その意味において、この「借用証書」は、広い意味で言うなら「貨幣」とまったく同じものなのです。ちなみにその借用証書という貨幣は、（当たり前のことですが）あなたが銀行からオカネを借りた瞬間に生み出され、あなたが銀行にオカネを返した瞬間に消滅するのです。なぜなら、その借用証書は、あなたと銀行の間に「貸し借りの関係」がある限りにおいてのみ存在するものだからです。

以上の話は、貨幣の本質が「貸借関係の記録」であることを示す、ひとつのストーリーとなっています。

詳しくはさらに後ほどお話ししますが、要するに、「一万円札」という貨幣は、「1万円分の貸借関係の記録＝借用証書」です。したがって、その借用証書を持っていれば、その借用証書について借りを返さなければならない人に対して、一万円分の働き（たとえば1万円分の商品だとかサービスをあなたに譲り渡す等）をさせる力を、あなたは持つことになるのです。

それは先の例で言うなら、100万円の借用証書を持っている人は、あなたに対して100万円分の借りを返させる力を持っていることと同じなのです。

いずれにせよ、「貨幣の本質は貸借関係の記録なのだ」、という一点をしっかりご記憶ください（あの「一万円札」が、いったいどういう貸借関係の記録なのかについては後ほど改めて説明したいと思います。この点については、もう少し別の事柄についての知識も必要となりますので、その後に解説したいと思います）。

ちなみに、貸借関係をつくるには、信頼が絶対に必要です。実際、銀行からの信用がなければ、銀行は銀行口座に「100万円」と書き込むようなことはしません。銀行は「あとで必ず返してくれるだろう」と信用しているから書き込むのです。

つまり、貸し借りを通して無から100万円を生み出すには、そこに「信用」が存在することが必要なのです。

さらに言うなら、「信頼ある社会関係が貨幣を創造する」わけです。ちなみにこの考え方は金融業界では常識で、「信用創造」と呼ばれています。

一見、オカネはそれ自身に価値がある商品のように機能しています。多くの人が素朴に商品貨幣論をイメージしてしまう原因もここにあるわけです。しかし、それはオカネがつくり出されたあとの話です。

オカネがつくり出される瞬間というのは、商品として製造されるわけではなく、「信用に裏打ちされた貸借関係によって創造される」のです。これを経済学では「信用貨幣論」と言います。

オカネは、「銀行から借りる」という行為を通して、万年筆マネーの要領でつくり上げられます。これはつまり、「オカネというものは負債の記録である」ということです。

言い換えるなら、オカネというものはそもそも「誰かが誰かに借りているという貸借関係がある場合においてのみ存在する」のです。

したがって、その貸借関係が消え去れば、もちろん、オカネそのものも消え去ります。

たとえば、あなたが銀行から10万円借りて返済したとします。貸借関係が消えて銀行は借用証書を破棄しますが、それと同時にあなたの現金貨幣10万円もなくなる、ということです。

金と交換できるというオカネのイメージはもう古いの？

ところで、オカネについて、こんな考え方をする人がいます。金貨や銀貨などの貴金属が本来の貨幣つまりオカネだったのだが、取引が煩雑になったり持ち運びも大変なので時代が進むうちにだんだん貴金属の代わりに紙幣を使うようになってきたのだ、と。

これは経済学の用語で「金属主義」と呼ばれています。「貨幣は、それ自身に価値があるとみなされる金や銀などの貴金属との交換が保証されているから価値がある」という考え方です。それは、先ほど少し説明した「商品貨幣論」に基づくものです。貨幣を、貨幣そのものに価値がある商品のように考えているからです。

この考え方は、一般の人々が素朴に抱いている、貨幣のイメージに近いのではないかと思います。

そして実際、かつては各国ともこの考え方に基づいて貨幣制度を整えていたのです。19

世紀から20世紀のはじめにかけて世界標準だった「金本位制」は、金といつでも交換できるものとして各国が貨幣を発行する制度です。

つまり、貨幣の量は、金の量によって決まっていました。存在する金の量を超えた紙幣は、発行できません。

金と交換できる紙幣のことを「兌換《だかん》紙幣」と言いますが、20世紀はじめに起きた世界大恐慌を機に、兌換紙幣の時代は終わります。金本位制の下ではオカネが足りなくて解決できない経済問題に対処するために、「不換紙幣」が発行されるようになったのです。

不換紙幣とは、金との交換が保証されていない貨幣です。これを経済学用語で「表券主義」と言います。券に書いてある額面が、そのまま価値になるから表券主義と呼ばれているのです。

では、その価値はなにを根拠に保証されているかというと、「国家」によって保証されています。国家によって価値が保証されている貨幣ということなので、この考え方を「貨幣国定説」とも言います。

では、なぜ国家が貨幣の価値を保証できるのでしょうか？

現代のオカネの価値は変わったの？

どうしてオカネの価値を国家が保証できるのか。それについて多くの人は、「権力のある国家が法律で価値のあるものだと決めたからだ」と考えています。つまり、「法定通貨」だから価値が保証されている、と考えます。

しかし、国家が法律で定めたからといって、それでいきなり価値が宿るものでしょうか。たとえば政府が、これからは日本では「新円」が使えることとする、という法律を通したとしても、よっぽど「新円」を使うメリットがなければ、国民は結局、「円」を使い続けることでしょう。

法律に多少書かれたくらいでは、誰も新円など「欲しがる」ことはありません。この「欲しがる」というところがポイントです。単に法律で定めたからといって、その貨幣が国定貨幣化するわけではありません。

かつては仮想通貨、あるいは電子通貨と呼ばれた「暗号資産」が、最近さらに話題になっています。ここではわかりやすく電子通貨と呼ぶことにしますが、電子通貨は法定通貨ではありませんが一部の人に使われています。

こうした電子通貨は、「欲しがる」人がいる限りにおいて成立するものです。電子通貨の場合、その電子通貨でしか買えないものがあったり、その電子通貨で買うほうが簡単だといったメリットの存在が「欲しがる」理由になっています。

ただし、電子通貨を欲しがる人がいる一方で、まったく関心を持たない人も数多くいます。したがって、電子通貨が、現在の円やドルと同じレベル、同じ規模であらゆる場所で流通していくことは、現状ではちょっと考えにくいでしょう。

ということは、逆に言えば、円やドルは、それだけ人々が「欲しがる」理由を持っている、ということです。

その理由とは、なんでしょうか？

円やドルを人々が欲しがるのは、実は、「税金の支払いに使える」からです。これが、人々が円やドルを欲しがることの根幹にあります。

日本国内にいる限り、すべての人は日本政府に対して税金を支払わなければなりません。政府の徴税行為から逃げることはできず、政府に対する税金の支払い以上に、万人が避けられない支払い行為はない、と言えるでしょう。

逃げられない税金の支払いについて、「政府への税は円で支払え」と定めてしまえば、すべての人は、個人、法人を問わず、円を手に入れることが義務づけられることになります。

こうして、「税金」があるということが理由となって、日本に住むあらゆる人々が「円を欲しがる」ようになったのです。

徴税と切り離された電子通貨や地域通貨といったものの流通が限定化してしまう一方で、徴税と密接に結びついた円やドルの流通が支配的になっていく根源的な理由が、ここにあります。すなわちこれが、価値、なのです。

言い方を変えれば、政府が徴税と結びつける政治決定を行うなら、どんな通貨であっても一気に広まって支配的になっていく、ということです。

つまり、オカネの価値は、「徴税権」という国家権力によって成り立っています。オカネというものはオカネ自身に価値があるわけでもなく、なにか価値のある貴金属などと交換できるから価値があるわけでもありません。政府に対する納税において、そのオカネの使用が義務づけられているから価値のあるものとみなされているのです。

財布の中の一万円札に価値があるのは、いわば「納税クーポン券」として活用できるからです。そのために、一万円札は、日本政府に対して納税義務を負う日本国民の間に共通して価値あるものとして認められているわけです。

こうして皆が「円を欲しがる」ようになるわけですが、だからこそ、その円を獲得するためにあらゆる人が商売、ビジネスを始めるようにもなるのです。

ただし、いったんそうなると今度は、その商売、ビジネスで提供されるさまざまな商品やサービスを受けたいと考える人々が、税金の支払いとは関係なく、さらに「円を欲しがる」ようになります。

こうして今日のように、「納税のためにこそ円が欲しいのだ」とは特に意識せずに、ただただ、「(納税も含めた)いろんなことに使いたいから、円＝オカネが欲しい」という気持ちが万人に共有されるようになったのです。

あの一万円札はいったい誰の借りの記録なの？

さて、ここでひとつの疑問を持つ方がいるかも知れません。それが、この節のタイトルにもある疑問、すなわち、「オカネは貸借関係の記録」って言うけど、「あの一万円札はいったい誰の借りの記録なの？」という疑問です。

先ほど「オカネは貸借関係の記録」と申し上げました。そして、１００万円を借りたときにつくられる「１００万円の借用証書」は、１００万円の価値を持ち、まるで貨幣＝オカネと同じように使用できる、というお話をしました。

ただし、その借用証書の価値の源である、あの「一万円札」は、いったいどういう貸借関係の記録なのか、ということについては、これまで説明してきてはいませんでした。

しかし、オカネの価値の源が「国家が国民に課した納税義務だ」という話を説明した今なら、皆さんに、それを説明することが可能となります。

ここでは、その点について解説します。

繰り返しになりますが、オカネの価値とは、まず実態的な強制力として存在する国家の徴税権に支えられています。

税金の支払いは義務であり、その義務を果たさない人がいれば「脱税」の罪に問い、国家の警察権力を使って刑事罰を与えることができる、という体制が整っています。

そしてこれは、国民はその国に住み続けることの対価として納税義務を負うことを許容している、ということを意味しています。

ではなぜ国民は、税金を払う義務を、嫌々ながらも（税金を払うことが好きですすきでたまらないなんて人はいないでしょう！）許容しているのでしょうか？

それは、国家はその領土に住む国民に対して、さまざまな「安全」を保証しており、インフラや基礎教育を提供し、衛生や治安や芸術や文化を提供している、ということを（普通の大人は皆）、「一応」は理解しているからです。

もちろん、それが完璧だとは思っておらず、国家に対して不満を持つ国民も多いとは思いますが、よくよく考えれば、国家がなければ、治安や衛生や教育や安全保障がなくなってしまうだろうということを、（普通の大人ならば皆）「一応」は理解しているはずです。

だから、国家が国民に対して提供するサービスの対価として、税金を払うのも「まぁ、仕方ないよな、よその国に行っても同じだろうし……」ということがあるから、国民は皆（嫌々ながらも）税金を払うことを許容しているわけです。

このことを「借り」という概念を使って説明すると、次のようになります。

すなわち、あらゆる意味で国家は国民を守っている・庇護《ひご》しているのだから、国民は、国民で居続ける限り国家に対して巨大な「借り」、あるいは「負債」がある。そして国民は、その国家に対する「借り」を「納税」というかたちで返済している。

では、国民の国家に対する借り＝負債を、国民に返させるための「納税」という行為を、具体的にどういうかたちで行わせるのか……。

この点について、たとえば古代の日本なら「租庸調《そようちょう》」、すなわち、食料と労働と布という3つのものを政府に納めさせるかたちで、「国民に、その国家に住み続けることについての借り＝負債を返済させる」という仕組みをつくったのです。そして近代国家においては、その代わりに編み出した方法が、「オカネ＝貨幣を流通させ、それを納めさせる」という仕組みだったのです。

すなわち「一万円札」というものは、「わたくし、政府は、一万円を借りております」という、政府が発行する「借用証書」なのです。

そして政府は、この「一万円札」という借用証書を発行することを前提として、

第一に、「一万円」という借用証書を国民全体に流通させ、

第二に、（＝納税義務を課して）これを政府に納めさせ、

第三に、それによって「国民が、政府に対して負っている負債（の一部）」を帳消しにする（＝返済する）、という仕組みをつくったのです。

近代国家はなんのために「貨幣」をつくったの？

つまり、国家は国民に対して、「ここに〝円〟というものがある。これを用意してあげ

るから、今後は、あなたの私に対する借りは、これで返しなさい」という仕組みをつくったわけです。

これこそが、「納税」という行為の「真実」です。

現代の「貨幣＝オカネ」というものは、この「納税システム」＝「国民の国家に対する負債を返すシステム」を機能させるためのツール（道具）として、国家によってつくり出されたものなのです。

このポイントこそ、現代貨幣理論（ＭＭＴ）と呼ばれる理論のコア中のコアのポイントです。

このポイントは、次のように整理することもできます。

まず、「国民の国家に対する負債（＝借り）」を帳消しにするためには、「国民の国家に対するマイナスの負債（＝マイナスの借り）」が必要です。

「国民の国家に対するマイナスの負債（＝マイナスの借り）」は「国民の国家に対する貸し」とも言い換えられるし、「国家の国民に対する負債（＝借り）」と言い換えることもできます。

オカネというものは、そもそも「誰かが誰かに借りているという貸借関係がある場合においてのみ存在」します。オカネというものは「負債の記録」です。

つまり、あの財布の中にある一万円札は、「国家が国民に対して（税金にして）一万円の借りがある」という記録なのです。それをあなたが持っていれば、あなたは「国家に対して一万円分の貸しがある」という状態にあるわけです。

だからこそ、それを使って政府が課す納税義務を、一万円分帳消しにすることができるのです。

これこそが、オカネの正体なのです。

オカネとは、「国家が国民に対して借りがあるという記録」であり、「国家の負債」です。「納税に使える国家の借用証書」がオカネです（ただし、一般の借用証書に書かれている「返済期限」が書かれていないという特徴があります）。

近代国家は、自らが自らの負債をつくり出し国民に資産として保有させ、それを使って政府に納税させることで、国民が負っている巨大な「借り」を消滅させていくという仕組みをつくり出したのです。

いわば「壮大なマッチポンプ」です。行政によって国民を庇護してやるという「貸し」を、政府自らが負債をつくって国民にバラまき、それを納めさせることで減殺《げんさい》していくのです。

つまり、近代国家が貨幣というものをつくったのは、こうした「近代国家の納税システム」を機能させるためなのです。そしてそれを言い換えれば、「国民が国家に対して負っている負債」を国民に返済させるため、なのです。

「貨幣に基づく納税システム」をつくり出したのはなぜ？

ところで、近代国家はなぜ、こんなややこしい、壮大な「マッチポンプ」をやっているのでしょうか？

それにはもちろん、合理的な理由があります。

結論から申し上げるなら、この「貨幣に基づく納税システム」という巨大なマッチポンプがあるからこそ、近代国家を飛躍的に発展することになったのであり、その発展のために、こうした近代的な納税システムがつくり出されたのです。

まず第一に、国民はオカネを稼ぐ必要があるから、その国の経済システムの中で盛んに働き、国家経済が活性化することになります。

そして第二に、納税義務によって国民の行政に対する評価は厳しくなり、行政サービス

貨幣のピラミッド

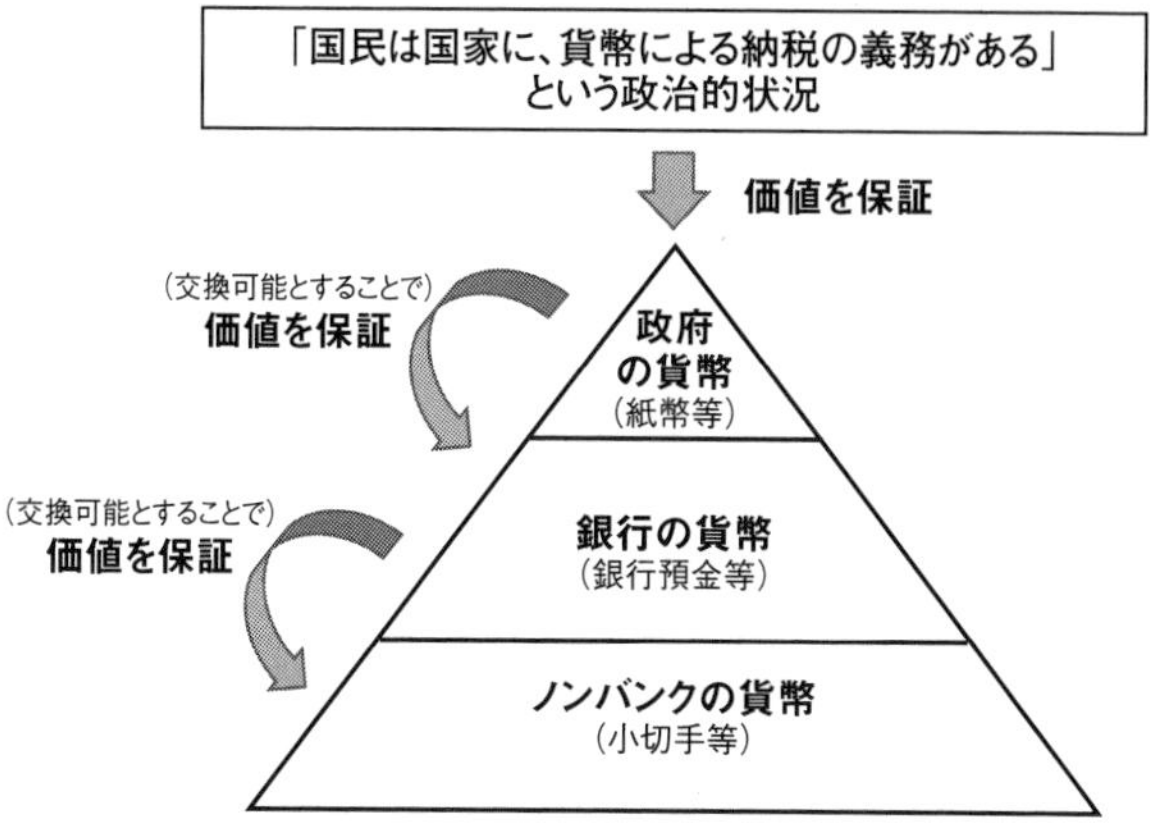

貨幣(オカネ)は、政府に供給されている

貨幣とはなにか?　ポイント

ポイント①	「貨幣」は政府が「税を払うためのもの」として、国民に供給したもの
ポイント②	誰もが税を払う必要があるので、国民は皆、その貨幣を欲しがる。結果、流通するようになる
ポイント③	「貨幣の本質」は、「貸借関係の記録」である(信用創造)
ポイント④	したがって「政府による貨幣供給」は「政府の借りの創出」である(十分な行政サービスがあれば、過剰債務にならない)
ポイント⑤	政府の貨幣(紙幣等)と交換できるから、「預金通貨」も貨幣となる。「小切手」は預金通貨と交換できるから、通貨となる。

の水準を向上させることにもなります。

国民は国家のために旺盛に働く。そして国家は国民のための行政を高度化する。このように両者の共同作業を活性化させて国民国家を発展させるために、オカネは欠かせなかったのです。

ちなみに、以上の話を起点として、さまざまな「貨幣」が生み出されていく仕組みを図にまとめると前頁の図のようになります。ＭＭＴではこれを「貨幣のピラミッド」と呼んでいますが、現金貨幣が預金貨幣の価値を保証し、その預金貨幣の価値が小切手等の貨幣の価値を保証するものの、その現金貨幣・預金貨幣の価値を定めているのが「国家の納税義務」だという次第です。

なぜこの貨幣の仕組みは現代に生まれたの？

ところで、こうした貨幣の仕組みはあくまでも「現代」における仕組みです。たとえば、先ほども触れましたが、古代の日本の納税は「租庸調」でしたし、江戸時代には「年貢米」でした。つまり、貨幣ではなく、あくまでも「現物」だったのです。

ではなぜ、現代において、こんな納税システムと結びつけられるかたちで貨幣の仕組みがつくられたのかといえば、それは、「国民国家」という政治体制が成立したからに他なりません。

「国民国家」とは、どこかの王様やお殿様が国民とは無関係に勝手につくり上げた国家ではなく、国民が主体となってつくり上げる国家のことを言います。つまり、国家という大きな共同体の自治として成立する国家が、国民国家です。

そんな国民国家があるからこそ、その国民国家を支える国民経済を活性化させ、高度化させる力を持つ現代貨幣の仕組みが政治的に導入されたのです。

ところが、国民国家でなく、それ以前の王政の国家なら、現代のような貨幣が、王様の手によって導入されるとは考えにくいのです。

なぜなら王様は、現代貨幣という「国民に対する負債」を自らつくり出すことに後ろ向きになるのも当然と言えるからです。

政府自らが、そんな負債をつくり出すことに対して前向きになるためには、政府そのものが、王様と違って、「国民」によってつくり上げられていることが必要だったのです。

いわば、国民国家という仕組みは、「自らが自らを統治する」という「マッチポンプ」的仕組みなので、「自らがつくり出した貸しを、生み出した負債で帳消しにさせる」という仕組みである現代貨幣のシステムを採用することができたのです。

つまり、現代において、民主主義的な国民国家が成立したからこそ可能になったのが、現代貨幣という仕組みなのです。

「現代貨幣の仕組み」を成立させるための条件とは？

さて、こうした現代貨幣の仕組みは、民主的な国民国家体制であることが必要条件でしたが、その仕組みを成立させるための十分な条件とはなんでしょうか？

この点について、第一に必要な絶対条件は、国家が「国民が国家に対して負債を負っているという状況をつくり出すことができる」というものです。

これがなければ、誰も税金を払おうなんて思いません。それはいわば、面白くともなんともない赤の他人の幼稚園児の芝居を見せられて、それにオカネを払えと言われるようなもので、誰も払わない（というか、二度とそんな芝居小屋には行かない）という話です。

だから、国家は安全保障や治安維持、防災、教育など、価値ある基礎的行政サービスを国民に提供し続けることが、この納税システムを支え、貨幣＝オカネの価値を維持し続ける上で必須なのです。

そして第二に、国家が国民に対して「納税を義務づける」ということもまた、この納税システムを機能させるための必須条件です。もし、別に税金を払わなくても誰にも怒られないなら、よほど奇特な方以外は一円も税金など払わなくなるでしょうし、その結果、円を誰も欲しがらなくなり、円の価値は皆無となってしまうわけです。

つまり政府は、税金を払わない国民を捕まえて、罰するという「警察権力」を持っていることが、円が円であるために必要不可欠なわけです。

「金は天下の回りもの」は比喩じゃない？

以上が、「オカネとはなにか？（それは、国家の負債である）」という、オカネの本質に関わるお話でしたが、ＭＭＴ（現代貨幣理論）を解説するには、こうした本質を持つオカネが、どのようにこの世間で動いているのか、ということもまた、お話ししなければなりません。以下、この点についても解説しましょう。

「金は天下の回りもの」ということわざがあります。オカネは常に人から人へ回っているものだから、今はオカネがない人のところにもいつかは回ってくる、という意味です。もっぱら貧乏な人を励ますときに使われるようですが、これは励ましなどではなく事実です。たとえば、コンビニエンスストアでアルバイトをしている人がいるとします。そして、その人の財布の中に1万円、入っているとしましょう。

この1万円は、アルバイト先のコンビニエンスストアから来たものです。アルバイトをして労働を売って得たオカネです。

では、コンビニエンスストアがその人に払った1万円はどこから来たかというと、コンビニエンスストアがなにかを売ってお客さんからもらったオカネです。

では、そのコンビニエンスストアのお客さんが持っていた1万円はどこから来たのでしょうか。たとえばそのお客さんの旦那さんが会社で働き、会社に労働を売って得たオカネかもしれません。

オカネは、労働を含めてなにかしらのモノを売ると流れるのです。この「売ると流れる」というところが重要です。

オカネは、「モノを売る」ということでぐるぐる回っているわけです。水の流れのイメージが、オカネのイメージとしてはぴったりくるでしょう。

では、水が流れているこの水路に、最初に水を入れたのは誰でしょうか。

すでに説明したように、水路に最初に水を入れたのは政府です。国債を発行することで、日銀が刷ったオカネを政府が借りてドボドボドボ、と入れたわけです
「金は天下の回りもの」ということわざのポイントは、「その水の流れを速くするのも遅くするのも政府次第である」というところにあります。政府がたくさん水を入れれば、グワーッと水は流れます。ちょろっとしか水を入れないのであれば、ちょろちょろとしか流れません。
オカネという水は、たくさん流れているときもあれば、あまり流れてないときもあります。そして、水がちょろちょろとしか流れてない状況をデフレーション、略してデフレと言います。

デフレってなに？　インフレってなに？

水がちょろちょろとしか流れてない状況がデフレです。そして、たくさん流れている状況がインフレーション、略してインフレです。次頁の図のようなイメージになるのですが、どちらも水の流れのように循環しています。

これを経済学の用語で「貨幣循環論」と言います。

「貨幣循環量」とデフレ／インフレのイメージ

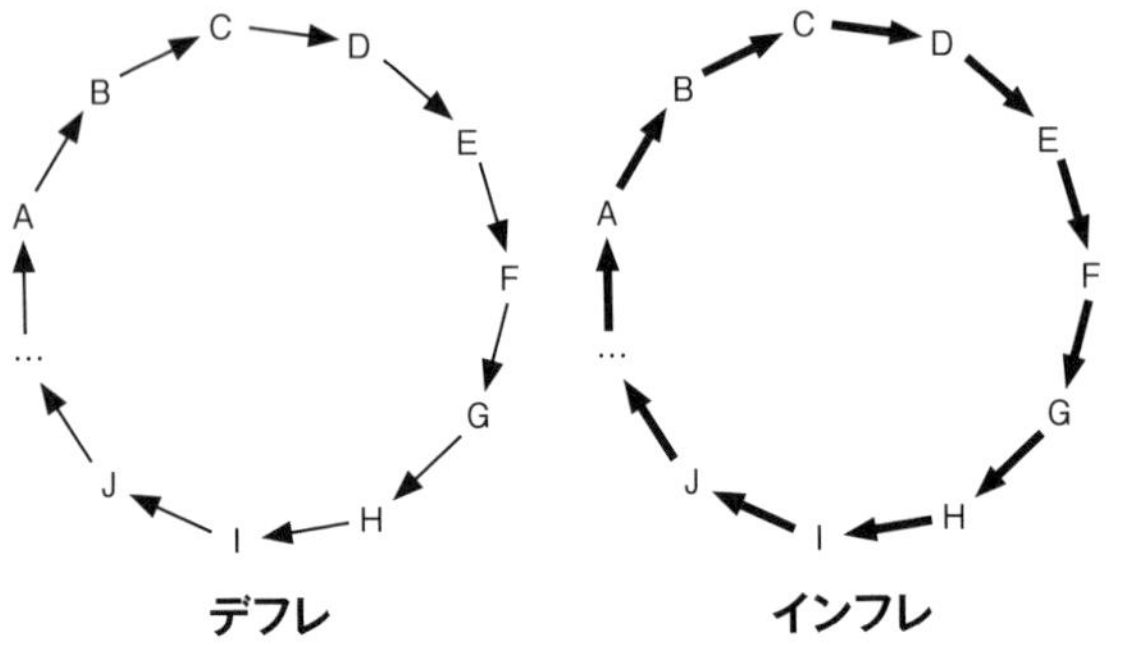

どちらも水の流れのように循環しているが、デフレだと流れが細くなりインフレだと勢いがよくなるイメージ。現在の日本はこの「マネー循環」が低迷している状態

デフレだと私たちの生活が、どのようになるのかをもう一度考えてみましょう。

ちょっとしか水が流れてないということは、給料が安いということに他なりません。手元にあるオカネが少ないわけですから、消費も少なくなります。人々は安いものしか買わなくなります。みんなオカネをあまり使わなくなるから、モノの値段は下がっていきます。

消費も投資も、給料も所得もなにもかもが少なくなりますから、税収も少なくなります。すなわち、これがデフレです。

これに対してインフレは、ブワーッと水が流れている状態です。給料はいくらでも入ってくる、バーンとオカネを使ってもまた入ってくる。いわゆるバブルと呼ばれた1980

年代の日本がそうでした。モノの値段もブワーッと上がっていきます。すると、税収もドバーッと増えます。

そう言うと、とにかくインフレならばいいのだ、と言っているように聞こえるかもしれませんが、インフレになりすぎてもダメです。モノの値段はブワーッと高くなっていきますが、給料はモノの値段の上がり方に追いつくほど、急には上がらないものだからです。「モノの値段の上がり方ほどには上がらない給料」という、この性格を経済学の用語で「賃金の下方硬直性」と言います。給料はちょっとずつ上がります。一方、モノの値段はピョーンと上がっていきます。したがって、結局は貧乏になるのです。

バブルの時代、値段が上がり続け1億円を超えるマンションは「億ション」などと呼ばれて人気になりました。そして給料に見合うとは到底思えないままにローンを組み、借金をしてそんな「億ション」を買ってしまって、苦しい生活を余儀なくされる人もいました。こうしたことは、インフレの弊害です。

インフレになりすぎてはいけないというのは、経済学の常識です。ですが、だからといってデフレだったら良いのかというと絶対そんなことはない。もちろんデフレはダメ。というかインフレよりももっとダメです。その国全体が貧困化し、さらに放置すれば極貧化してしまうからです。この話は後ほどさらに詳しく説明しますが、デフレは、最悪です。

とにかく「適量」ということが良く、デフレは絶対回避しながら、適度なインフレが安定的に続いていく、というような状態がいちばん良いわけです。これはもう、常識です。

インフレの状態がなぜ良いのかと言えば、適度なインフレは、適切な経済成長をもたらすからです。

インフレになると、モノやサービスの価格が上昇します。これは、おカネの価値が下がるという見方もできます。たとえば、500円のモノが1000円になると、千円札が500円の値打ちしかなくなった、というふうに考えられるということです。

そうなると私たちは、オカネを貯蓄するより、消費や投資に回したくなります。

インフレのときには、じっとオカネを持っているだけだと価値が下がっていくわけですから、人々はどんどん使います。その結果、投資や消費が拡大し、経済成長につながっていくのです。

経済成長は、人々が活発に消費、あるいは投資することで進んでいくものです。みんなが活発にオカネを使えば、あらゆる商売が儲かるようになっていきます。そして賃金や給料も上がっていき、ますます消費や投資が拡大していきます。この好循環を「経済成長」

と呼ぶのです。

デフレになるかインフレになるか、そのポイントは流れる水の量、つまりオカネの量にあります。この量を調整できる人はいないのでしょうか。

います。政府です。水を入れているのは政府です。したがって、水の量つまりオカネの量は、政府が調整すればいいということになります。

足りないときには増やす。多すぎたときには止める。さらに政府は、水を入れるだけではなくて、抜くこともできます。「税金を増やす」ということをやって水を抜くのです。

たとえば消費税率を高めれば、ガーッと流れているインフレの水をギュッと少なくすることができるということです。

しかし、不思議なことですが、１９９０年代以降、日本の政府はデフレのときに消費税を上げるということをやってきました。今後も、さらに消費税を上げようとする方向にあります。

デフレでみんな死にそうなのに、デフレのときにやってはいけないことを逆にやって、まだ国民からオカネを搾り取ろうとしている状態です。

やっぱりデフレは完全悪なの？

デフレでモノの値段が下がるのだから、デフレというのは生活には有利だ、と素朴に考える人は決して少なくありません。しかし、それは間違いです。

「デフレがダメなのは、その本質が「スパイラル」にあるからです。スパイラルとは、螺《ら》旋《せん》、渦巻《うずまき》、クルクル回っている、といった意味です。

デフレがどのようなスパイラルに陥らせるか、ということを次に説明しましょう。

まず、私たちが貧乏になったとしましょう。所得が下がったということです。使えるオカネが少なくなりますから、モノを買えなくなります。すると、あらゆるお店屋さんの売上が減ります。

お店屋さんの売上が減ると、お店屋さんで働いている人の給料や、そこに品物を納入している業者さんなど、あらゆる関連のビジネスの人々の給料が下がります。すると結局、日本全体で働いている人が使えるオカネが減ります。

日本人全員の使えるオカネが減るので、また再び、あらゆるお店屋さんの売上がさらに減っていきます。そうなるとあらゆる人々の給料が、もっともっと減っていくことになります。以下、この繰り返しです。

給料が下がることと、売上が下がることが、ぐるぐる螺旋状に進んでいきます。これが「デフレ・スパイラル」と呼ばれるものです。

こうやってデフレ・スパイラルによって皆がモノを買わなくなっていくと、当然、あらゆるモノの値段も下がっていきます。モノの値段が下がると、それを売っている人の売上も所得もさらに下落していきます。こうして、モノの値段が下がることを通して、人々の所得の下落が、さらに加速度的に進行していくのです。

こうして、デフレになれば、店の売上も、人々の給料も、モノの値段も一気に、スパイラル状に下落していくことになるわけです。

だから、モノの値段が下がるのはまったく良くないことなのです。

それは結局、皆さんの給料が下がっていくことを意味しているからです（そして誠に残念なことに、モノの値段が下がるスピードよりも、私たちの給料が下がるスピードのほうが速くなるのです。デフレになればそれぞれの店や会社が、倒産しないため、生き残りをかけて、必死になって「給料カット」を繰り返すからです。だから、デフレの中でいちばん激しく下落していくのは、給料なのです）。

主要各国の名目GDPの推移

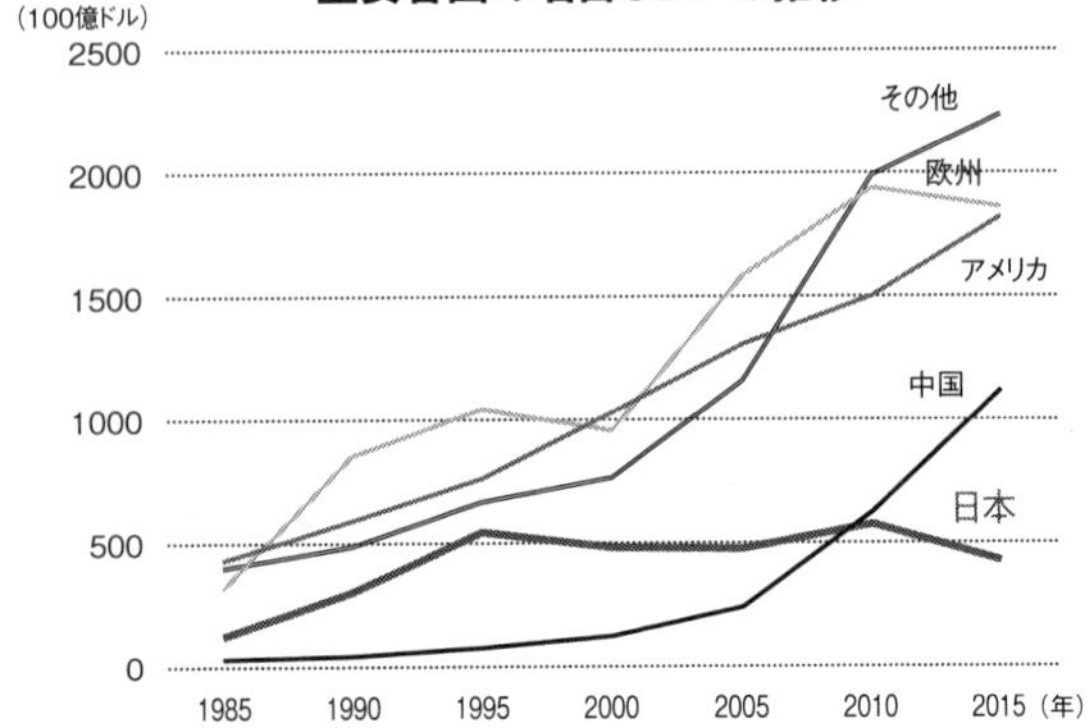

出典:IMF

1980年代〜90年代にかけて日本のGDPは上昇したが、90年代の後半から下がる傾向にあり、長期低迷という状態が続いている

さて、テレビや新聞のニュースなどを観たり読んだりしていると、「日本はもはやデフレではない」と言っている人が時々います。

本当に、日本はデフレから脱却したのでしょうか。違います。今の日本は見事にデフレです。

日本の経済は、膨張しているのではなく縮小しています。上の図は、日本および世界の主要各国のＧＤＰの推移を描いたグラフです。ＧＤＰは国内総生産と訳されますが、簡単に言うと、国民の所得の合計値です。

これは１９８０年代、１９９０年代、２０００年代に世界各国のＧＤＰがどうやって推移したかというグラフです（ドル表記になっていますが、円に換算して説明しましょう）。

80年代から90年代にかけて日本のＧＤＰは、ずっと大きくなっていっています。最初２５０兆円くらいだったものが、80年代から90年代にかけての10年ほどで５００兆円くらいに伸びています。

これが、90年代後半に入って伸びなくなります。むしろ、下がり始めます。

90年代前半までは日本のＧＤＰは伸びていました。つまり、日本はインフレの中にありました。それが、90年代の後半以降は、下がる傾向にあります。

つまり、現在の日本はデフレの中にあるのです。経済がどんどん伸びていく状況ではなくて、どんどん縮んでいく方向にあり、消費も投資も少なくなるし、給料も少なくなり、使うオカネも減っていき、物価も下がっていく。経済がゼロに向かって縮小している状況です。

このことを、インフレなのかデフレなのかということを示す「インフレ率」という数字の推移で見てみましょう（次頁の図参照）。

インフレ率とは、簡単に言えば、その年に、サービスなどのかたちにならない商品も含めたモノの値段が、どれくらいのパーセンテージで値上がりしたかを表した数字です。

グラフを見ればわかる通り、70年代、80年代の日本は８％とか６％といった数字で推移

日本のインフレ率の推移

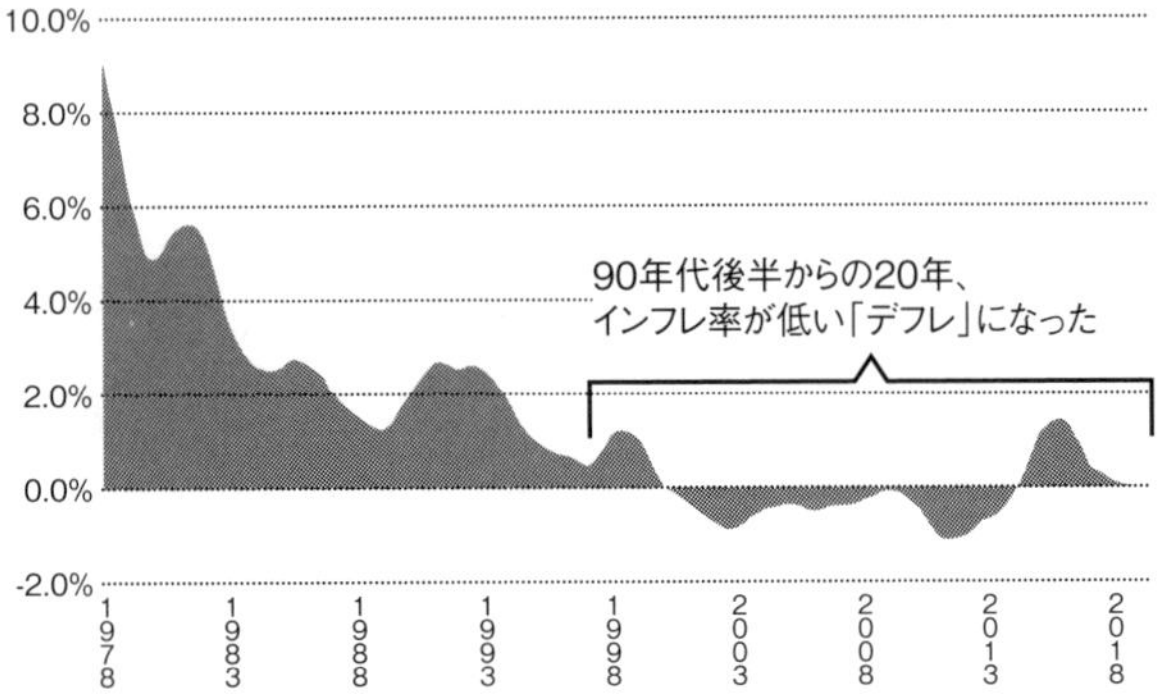

出典:内閣府、総務省
1997年、2014年が消費税を引き上げた年で、一瞬だけ上昇に転じるが、その後再び減少するのが見て取れる

しています。見事なインフレです。毎年こんなパーセンテージで値段が上がっていくということですから、すごいことです。

そして、1999年からは0・0%を切るようになりました。つまり、モノの値段が下がり始めたということです。

ここには、消費税を1997年に3%から5%に引き上げたという事実が関係しているのですが、その因果関係については次項で説明しましょう。

インフレ率が0・0%を切っているということは、先ほどの比喩で言えば「水の量」(オカネの総量)がどんどん減っていっているということです。0・0%を切っている中でも多少の上下はありますが、基本的には0・0

%にべったりです。つまり、デフレです。

どうして「水の量」（オカネの総量）が減ったのかと言えば、消費税を引き上げたからです。マーケットに出回っている「水」（オカネ）を、政府が消費増税を通して、より多く吸い上げることになったのですから、「水の量」が減るのも当然です。

消費増税は、デフレを導くことが、このグラフからハッキリ見て取れるわけです。

ちなみに、デフレになってからの20年間のグラフをよく見ると、１９９７年と２０１４年に小さな山が一つずつできていることが見て取れます。これは一瞬だけ、物価がほんの少し上がって、その後また元に戻る、という現象を意味しています。

１９９７年、２０１４年というのは、どちらも消費税を上げた年です。つまり、消費税を上げると、長期的にはデフレになって物価の下落を導くのですが、その直後においては、一瞬だけ、物価がほんの少し上がるわけです。

これはなぜかと言うと、消費税率が上がることで、各業界で、その税率を価格に転嫁する動きが起こるからです。だから短期的には、消費税を上げると、物価が少し上がるのです。

でも、それは一瞬だけの話です。そんなわずかな物価上昇を見て「消費税を上げても、デフレになんてならないじゃないか！」などと言う人がいつも出てくるのですが、そんなのは、単なる勘違い、というか思いすごしです。そんな一瞬の物価上昇を除けば、消費増税は、デフレ圧力、つまり物価の下落圧力を、経済にかけるものでしかないのです。

アベノミクスは失敗だったの？ 成功だったの？

2012年12月に発足した第二次安倍晋三内閣は、その最も重要な使命のひとつとして「デフレ脱却」を掲げていました。そのために実行しようとした、あるいは実行した計画がいわゆる「アベノミクス」です。

アベノミクスは、「3本の矢」と呼ばれるものでできている政策です。第1の矢が「金融政策」、第2の矢が「財政政策」、第3の矢が「成長戦略」です。

この中で、デフレ脱却を目指して行われたものが、第1の矢の「金融政策」と第2の矢の「財政政策」でした。

第1の矢の「金融政策」で、日本銀行から一般の銀行を中心とした金融市場に大量のオカネを供給します。第2の矢の「財政政策」で、金融市場に注がれた大量のオカネを政府が借りて、さまざまなかたちで世の中に支出します。つまり、世の中のオカネを増やそう、経済における「水の量」を増やそうという政策です。

こうして、オカネの量を増やすことで実体経済を活性化させようというのが、第1の矢の「金融政策」と第2の矢の「財政政策」でした。ちなみに、実体経済とは、簡単に言えばモノとサービスを生み出すことで利益を得る経済活動のことです。

一方、国債や社債といった債権や株式を売買する、おカネでおカネを増やして利益を得るという金融経済を、実体のない経済と称しています。

「アベノミクス」という新語で呼ばれましたが、金融政策と財政政策の組み合わせは、別に安倍内閣オリジナルの政策というわけではありません。世界大恐慌に直面した1930年代のアメリカでフランクリン・ルーズベルト大統領が展開したニューディール政策は金融政策と財政政策のパッケージでした。

あるいは、2008年に起こったリーマン・ショックに際して、バラク・オバマ政権においても同様に積極的な金融政策と90兆円を支出する規模の財政政策を行っています。

デフレによる不況を乗り越えるために積極的に金融政策と財政政策を展開するということは、実は当たり前のことで、「世界の常識」の範囲の話なのです。

第1の矢の「金融政策」は、安倍内閣の下で十分すぎるほど実行されました。オカネの量を増やす金融緩和を金融政策として展開したわけですが、これを少し専門的に言うと「マネタリーベースを増やしていく」ということになります。マネタリーベースとは、「日本銀行が世の中に供給しているオカネの総量」のことです。

第二次安倍内閣発足時に131・9兆円だったマネタリーベースは、安倍総理が辞任する2020年7月には566・7兆円となっていました。これは急激な拡大という他なく、マスコミだけでなく、安倍総理も自ら「異次元の金融緩和」と呼んでいました。

この金融緩和は、日銀総裁・黒田東彦《はるひこ》さんの名前から「黒田バズーカ」などとも呼ばれました。

「インフレ率2%を目指す」という言い方をよく聞くことと思いますが、これは、2%程度の物価の上昇が適度なインフレだと分析されているからです。

第二次安倍政権は、インフレ率2%の実現を目標にして、日本銀行が国内の市中銀行から国債を買い入れるかたちでオカネを発行してきました。(ちなみにそれは、実際に紙幣を刷ったということではなく) 各銀行の日銀当座預金の残高を増やすという方法で、オカネの量を増やしました。日銀当座預金とは、金融機関が日本銀行に預けている、原則的に無利息の当座預金のことです。

金融機関は、顧客からの預金の一定割合を、日銀当座預金に預け入れなければならないことになっています。これを「準備預金制度」と言います。準備預金制度は、個人や企業への払い戻しや金融機関どうしの送金などがきちんと行われるための制度です。

そして各金融機関は、準備預金額を超えた部分の預金を企業への融資にあてます。したがって、日銀当座預金が一定以上に潤沢であれば、市場つまり世の中に出回るオカネも潤沢になるというわけです。

大量のおカネを金融市場に提供していくことで、経済の好循環を支援しようという第1の矢の「金融政策」は、無駄なモノではありませんでした。しかし、そのオカネを誰かが実際にどこかで「使う」ということがなければ、物価が上がったり、私たちの賃金が上がったりすることはありません。ただただ、日銀に準備預金が「ブタ積み」されるだけに終わるからです。

だから経済が縮小し、物価が下落している状況を改善するには、金融政策「だけ」ではまったくもって不十分なのです。その日銀から融資されたオカネを、誰かが実際に「使う」ことが、デフレ脱却にとっては絶対的に必要不可欠だからです。

「借りて使う」ことで初めて、「信用創造」が生じ「貨幣が生み出される」ことになるのです。単なるブタ積みでは、この実体経済の中で実際の信用は創造されず、貨幣は一円も生み出されはしないのです。

ところで日本は1990年代からずっとデフレ不況で、民間企業も個人も世帯も皆、「羽振り」が悪く、積極的に大量のオカネを使おうとはしません。そもそも収入も少ないし、マーケットは冷え込んでいて、積極的に投資しても回収できる見込みは薄いからです。だから、実際にオカネを使うことができる余力を持つ＝信用を創造する余力を持つのは、国内最大の経済主体である「政府しかない」のです。

したがって、誰もオカネを使いたがらないデフレから脱却するためには、金融政策に加えて、政府が積極的にオカネを使う「財政政策」を行う以外に道は存在しないのです。

ところで、この「財政政策」は、金融市場に注がれた大量のオカネを政府が借りて、なんらかのかたちで政府がそのオカネを使うことによって実体経済を活性化していくという政策です。この第2の矢の「財政政策」は、「政府は民間市場にどれだけのオカネを注入したのか」という視点で評価しなければなりません。

「政府が市場に注入したおカネの総量」とは、「政府が市場に対して支出した金額」から「政府が税金などで市場から吸い上げた金額」を差し引いたものです。これを、政府による「資金供給量」、あるいは「財政収支」と言います。

先に紹介した「プライマリー・バランス」（基礎的財政収支）と、基本的に同様のものです。したがって、アベノミクス第2の矢の財政政策の規模を図るには、プライマリー・バランス赤字がどれだけ拡大したのかで評価されなければならないのです。

ところが、デフレ脱却を目指して財政政策を拡大し、アベノミクスで第2の矢を放つのだ、と声高に主張していた第二次安倍内閣は、その財政の収支の赤字（プライマリー・バランス赤字＝資金供給量）を、拡大するのではなく、むしろ縮小したのです。

第二次安倍内閣誕生時点の2012年では、プライマリー・バランス赤字はGDPの8％強であり、約40兆円を政府が民間市場に供給していました。

しかし、財政収支の赤字は年々拡大していくどころか、むしろ正反対に年々減少していき、2017年にはGDPの3％以下にあたる11兆円程度にまで縮小されてしまいました。

つまり安倍内閣は、積極的に第2の矢の財政政策を拡大し、資金供給量を拡大するのだと口では言っていたものの、実際には超過激に「縮小」させてしまい、デフレ脱却とは逆のデフレ加速財政を展開してしまったのです。

具体的な経緯は次のようなものでした。

安倍内閣が誕生した直後の2013年1月には、（黒田バズーカと言われた異次元の金融緩和に加えて）13兆円の大型補正予算を国会決議し、2014年3月までの15カ月にわたって政府は支出し続けました。

こうして政府によって信用が創造され、大量の貨幣＝オカネが生み出され、市場に注入されたのです。その結果内需が拡大し、物価が上昇し、日本はデフレを脱却して経済大国の地位を取り戻すことができるのではないか、という声さえありました。

当時の調子でオカネを民間市場に注ぎ続ければ、アベノミクスは成功したでしょう。つまり、日本はデフレから脱却できたはずです。

ところが、ストップがかかりました。大型補正予算が終了した直後の2014年4月に、第二次安倍政権は消費税を5％から8％へと引き上げたのです。

これは、どういうことかと言うと、政府が8～9兆円程度のオカネを民間市場から吸い上げた、つまり水を抜いて流れを弱めたということです。市場にあるカネを吸い上げ、ゴミ箱に捨てるようにして、大量の貨幣が「消去」されていったのです。

こうした安倍内閣の財政政策は、「積極財政」と呼ばれるものとは正反対の、単なる「緊縮財政」だったのです。しばしば、野党やマスメディアから第二次安倍内閣は、「積極財政」の内閣だと呼ばれ、場合によってはバラマキ内閣だとすら言われることもありました。しかし、それはとんでもない勘違いで、実は恐ろしいほどの「緊縮財政」だったのです。

そして、安倍内閣の緊縮財政を決定づけたのは、二度にわたる消費増税だったのです。消費増税が日本を再びデフレに叩き落し、消費増税がアベノミクスを台なしにしてしまった、と言ってもいいでしょう。

以上、この第二章では、ＭＭＴの根幹とも言うべき、「オカネとはそもそもなんなのか？」「オカネにはなぜ価値があるのか？」「どうやってオカネが生まれるのか？」「オカネによって世の中がどう変わるのか？」についてお話ししました。

そしてその上で、アベノミクスという経済政策を通じて、政府がどのようにオカネというものを扱っていくのか……ということをさらに解説しました。

続く第三章では、以上のＭＭＴの基本的な議論を踏まえつつ、ＭＭＴの考え方に基づいてどのような政策を展開すべきなのか、という点についてお話をしていきたいと思います。

第三章　なぜＭＭＴはトンデモ理論と言われたの？

MMTとはそもそもなにを主張している理論なの?

まず、「日本政府が日本円の借金で破綻することはない」のはなぜか、というお話から始めましょう。

すでに前章でお話をした通り、そもそも日本円をつくっているのは日本政府です。自分でつくることのできる日本円を返せなくなる、などということはありえません。どれだけ借金をしていても、返済してくれと言われたときには自分でつくって返せばいいからです。

初めて聞く人ならば、この話はメチャクチャを言っているように聞こえるかもしれません。自分でつくって返すなんて不道徳だ、と感じる人も少なくないでしょう。

また、自分でつくって返すなんて、実際に、実務的にできることなの? と疑問に思う人もいるでしょう。

しかし、これに関して、重要なポイントを3つお話ししたいと思います。

まずは1つめです。政府は能力としてお札を自分で刷って返すことはできますが、普段はそんなことはやっていません。

あくまでもそれは、「いざとなれば、やろうと思えばできる」という話にすぎません。

では普段はどうしているのかと言えば、政府は少なくとも帳尻の上では、税金ないしは国債の発行（借り換えるということです）で賄うという体裁が守られているのです。

次に2つめです。政府に直接オカネを貸すのは、通常、一般の銀行などの金融系の民間企業です。

政府の一機関である日銀が、政府が発行した国債を直接購入すれば、政府が自分でオカネをつくった、ということになりますが、そういうことは基本的には行いません。（借り換えなどの例外を除いて）それは法律で禁止されているのです。だからあくまでも政府は、国債を「国債市場」というところに売りに出すだけで、別に日銀に強制的に購入させているわけではないのです。

とはいえもちろん、国債市場に出回っている国債を日銀が、日銀の自由意志に基づいて購入することはあります。しかし、それとて政府によって購入を「強制」されたわけではないので、実際には、政府がオカネを自分自身で刷った、ということにはは体裁上はならないのです。

そして最も大切なのが、次の3つめのポイントです。

このポイントがあるが故に、日本政府は原理的に「破綻しないのだ」ということを、財務省自身が主張しているのです。

すなわち、万が一、政府に誰もオカネを貸してくれなくなったという場合を考えてみましょう。たとえば、とんでもない天変地異が起これば、そうした事態はありえないことではありません。しかし、そんな最悪の事態となったとしても、日銀が「最後の貸し手」として政府にオカネを貸す、すなわち、国債を購入することになるのです。

英語でLender of last resortという「最後の貸し手」は、中央銀行の機能として大変よく知られている機能です。日銀においては法律で定められた公式な機能で、先進国の中央銀行であれば、どこも常識として持っている機能です。

日銀が発動する「最後の貸し手」としての機能を象徴するアプローチは、「日銀特融」というものです。金融機関が危機に陥ったとき、経済が大混乱するのを回避すべく、日銀が特別に融資するという仕組みです。実際、証券不況やバブル崩壊の際などに何度か発動されてきました。

政府の破綻なるものが大混乱を巻き起こすのであれば、「日銀特融」のような政府に対する貸し出しが、発動されないはずはないのです。

日本銀行法の第三十八条には《日本銀行は、前項の規定による内閣総理大臣及び財務大臣の要請があったときは、第三十三条第一項に規定する業務のほか、当該要請に応じて特別の条件による資金の貸付けその他の信用秩序の維持のために必要と認められる業務を行うことができる》と書かれています。

《前項の規定》とは、《信用秩序の維持に重大な支障が生じるおそれがあると認めるとき、その他の信用秩序の維持のため特に必要があると認めるとき》には内閣総理大臣および財務大臣が日銀に要請できるとした規定のことです。

《第三十三条第一項に規定する業務》とは、日銀の通常業務のことです。

もちろん、政府の事実上の子会社であるとはいえ、日銀は独立した法人ですから、内閣総理大臣および財務大臣の要請を拒否することができます。

しかし、過去に発動されてきた日銀特融のありかた、ローカルな地方銀行にも適用してきた現実を見れば、日本政府の財政破綻という未曾有の危機に、時の日銀総裁がよほどの変人でもない限り、政府への貸し出し、つまり国債の購入オペレーションが発動されないことは絶対に考えられないのです。日銀総裁にするために、その人事が国会の最重要案件のひとつとして据えられているからです。

以上のように、現実として行われていること、日本の法制度、そしてその運用を見れば、日本政府が日本円の借金で破綻することは事実上ありえないのです。

であれば、日本政府は必要に応じて借金をして、つまり国債を発行して、税収よりも多くのオカネを使ってしかるべき対策をとっても問題ない、とするのは至極まっとうな考え方です。

そこで、ＭＭＴから、必然的に次の３つの主張が導き出されます。

［ＭＭＴから必然的に導かれる主張１］

政府は、自国通貨建ての借金で破綻することなど考えられないのだから、借金したくないという思いにとらわれて、政府支出を抑制するのはナンセンスである。だから政府支出の借金を、どの程度以下に抑えるかということを〝基準〟にしてはならない。なにか別の、国民の幸福に資する〝基準〟が必要である。

［ＭＭＴから必然的に導かれる主張２］

経済が停滞しており成長が必要とされている場合、政府は財政赤字を拡大することを通して、その目的を達成することができる。逆に言うなら、政府支出（あるいは財政赤字）の〝下限基準〟は、経済が停滞してしまう程度の政府支出量である。

［MMTから必然的に導かれる主張3］

政府支出（あるいは財政赤字）を、その国の供給量を超えて拡大し続ければ、過剰なインフレになる。したがって、政府支出（あるいは財政赤字）の〝上限基準〟は、過剰インフレになってしまう程度の政府支出量である。

今の日本が方針としているプライマリー・バランス規律がその典型ですが、一般的な財政規律は「総税収の水準」を基準として政府支出の上限基準が設けられています。借金はゼロにしていくべきだ、という考え方です。

一方で借金ではあっても、政府の場合、借金をゼロにすることそれ自体に積極的な意味はなにもない、と考えるのがMMTです。

ただし政府の借金、つまりオカネの供給量が増えすぎれば、過剰インフレになって国民が苦しむことになる、という事実に同時に着目します。

だからMMTは、「財政規律を撤廃せよと叫ぶ不条理な理論なのではなく、財政規律を、より国民の幸福につながるものに改善せよ」と主張しているのです。

MMT＝トンデモ理論という批判には裏があるってホント？

MMTは、前項にまとめた主張を掲げていますが、話題になり始めた当初は、その一部が切り取られるかたちで、多分にキワモノ的な扱いで取り上げられました。もっぱら、「財政赤字は問題ない、いくらでもオカネを刷って財源とすればよい」とする理論だと紹介されたのです。

すでにお話しした通り、日本では、「財政赤字はダメだ！」「財政赤字を減らさなければ日本は大変なことになる！」と言われ続けてきています。

そんな中で、説明をちゃんと聞けば理解できるとはいうものの、「財政赤字を容認する」という主張は極端な論に聞こえます。MMTが、「そんなバカな」と思われがちなのはそれが理由です。

朝日新聞などは、《財政赤字なんか膨らんでもへっちゃらで、中央銀行に紙幣を刷らせれば財源はいくらでもある、というかなりの「トンデモ理論」である》（2019年4月26日付）と紹介しています。

日本経済新聞が《「財政赤字は問題ない」とする異端の経済政策論》（2019年3月15日付）と紹介したように、MMTはまた「異端」とも称されました。同時にアメリカで注目、あるいは論争となっている理論だということも報道されました。

つまりMMTは、トンデモで異端だがどうやらアメリカで話題になっているらしい、と受け取られていました。アメリカは自由の国であるから、わけのわからないものも含めていろいろな意見があり、MMTというヘンな理論が人気を集めることだってあるのだろう、という程度の認識がほとんどだったのです。

財政赤字を無制限に垂れ流すことを奨励するようなもので、主流派のまともな経済学者は皆、否定する「異端で不道徳なトンデモ理論」で、たまたまアメリカで話題になっているにすぎない。それが当初のMMTのイメージだったのですが、中には、少し違ったかたちで報道されたケースがあります。

《「インフレにならない限りは財政赤字をどれだけ膨らませても問題ない」とする「現代

貨幣理論（ＭＭＴ）」》（日本経済新聞、２０１９年4月13日付）、《インフレにならない限り、財政赤字を気にしなくてよい――。異端の「現代金融理論」》（朝日新聞、２０１９年4月17日付）。

これらの記事は、「トンデモで異端」というニュアンスには変わりはありませんが、ＭＭＴは財政赤字の拡大を無制限に許容するものではないこと、過剰なインフレは回避すべきだとしていることに触れられており、いくぶん「マシ」な紹介になっています。

こうして新聞での表現が「マシ」なものになったのには理由があって、日本経済新聞と朝日新聞はともに、アメリカの代表的なＭＭＴ論者であるステファニー・ケルトン教授のインタビュー記事の見出しを使っているからです。ケルトン教授の生の声を聞いたうえで書いた記事だったので、以前より正確な説明がなされていた、ということです。

つまり、ＭＭＴはトンデモで異端な理論にすぎないという言い方をするような記者や学者、評論家たちは、一人残らず、「どこかで聞きかじった程度の知識、あるいは既存のイメージだけ」で記事を書いたり語ったりしているにすぎないのです。

ＭＭＴは最近生まれた理論なの？

ところでＭＭＴは、もちろん新参者のポッと出の理論などではなく、１００年以上の歴史を持つ伝統的理論体系です。以下で詳しく解説しましょう。

ＭＭＴがまずアメリカにおいて最初に注目されることになったきっかけは、アレクサンドリア・オカシオ＝コルテスという民主党の若手政治家の発言でした。

オカシオ＝コルテスは、２０１８年11月の選挙で、その後３００万人のフォロワーを超えることになったツイッターをはじめとするＳＮＳ上での影響力を背景に、最年少の女性下院議員となったことで話題を集めていました。

アレクサンドリア・オカシオ＝コルテス（1989年10月13日～）米国史上最年少の女性下院議員。米国で最も有名な民主党進歩派の一人として知られる

そのオカシオ＝コルテスが２０１９年の１月上旬、ビジネス専門のニュースサイト「Business Insider」のインタビューに答えて、「政府支出の赤字は良いことであり、グリーン・ニューディール（自然エネルギーや地球温暖化対策への公共投資政策）を実現させるためにはＭＭＴの考え方を主要議論にする必要がある」と主張したのです。

政府による積極的な財政拡大を通してアメリカ経済を活性化させていくことが必要だ。

財政赤字を気にして積極的な財政拡大をしなければアメリカ経済は疲弊《ひへい》してしまう。そうオカシオ＝コルテスは主張しました。

下院議員に当選後、オカシオ＝コルテスの人気はうなぎのぼりであり、アメリカの大手総合情報サービス・ブルームバーグは2019年3月に「オカシオ＝コルテス米議員にメディアは夢中、波及効果はトランプ氏並み」と報じたほどでした。

そうした時の人が口にしたMMTであり、日本の報道関係者は耳にしたこともない主張でしたから、日本でもひとつの流行現象といった扱いで話題になったのです。

こうした経緯でMMTが突如として有名になったので、昨日今日、急に登場した新しい経済理論であるかのように勘違いしている人が多いのですが、それは完全な間違いです。「MMT」という言葉自体を積極的に活用し出したのは、1953年生まれの米経済学者ラリー・ランダル・レイ、1969年生まれの米経済学者ステファニー・ケルトン、1952生まれのビル・ミッチェルらであり、彼等がMMTという言葉を使って理論を体系化したと言いうるものです。

その中心人物はランダル・レイですが、彼はハイマン・ミンスキー（1919～96年）という米経済学者の弟子でした。ミンスキーはリーマン・ショックや日本のバブル崩壊のメカニズムを初めて過不足なく理論化した学者として知られています。バブル崩壊の瞬間は「ミンスキー・モーメント」と呼ばれ、非常に有名な経済学上の概念になっています。

そして、ミンスキーは、英経済学者ジョン・メイナード・ケインズ（1883～1946年）が確立したケインズ経済学を引き継いでいる、ポストケインズ派と呼ばれる経済学派の学者でした。

ラリー・ランダル・レイ
（1953年6月19日～）
MMT理論を体系化した中心人物として知られる米国の経済学者

ケインズ経済学という名称は、よく耳にすることと思います。

1929年に世界大恐慌が起こり、時のアメリカ大統領フランクリン・ルーズベルトはニューディール政策を展開しました。国債を発行してオカネを大量に調達し、ダムをつくったり水資源開発をしたり高速道路をつくったり、いろいろな公共事業をやってオカネがしっかりと国民の所得になるように対策しました。

この政策を経済学的に理論化したのが、ケインズです。

アメリカは1935年から第二次ニューディール政策にとりかかりますが、その際にはケインズがイギリスから渡り、アドバイザーの役目を果たしたと言われています。

ケインズ経済学を引き継ぐミンスキーを師匠とする、ランダル・レイが体系化した理論がMMTです。

こうした経緯に象徴されるように、MMTは、ケインズ経済学をそのまますっぽり包含《ほうがん》するような格好になっている理論なのです。

ミンスキーは、オーストリアの経済学者ヨーゼフ・アロイス・シュンペーター（1883〜1950年）にも強く影響を受けていました。シュンペーターは、資本主義の本質・性格を説明する「創造的破壊」という概念で大変有名な学者です。

シュンペーターは、ケインズよりも熱心に貨幣について論じる学者でした。金融市場と実物市場とは違う、この2つは分離しながら分析しないといけない、といったことも論じています。

MMTは、このように、ケインズおよびシュンペーターの経済理論を通して成立している理論だということができます。

そして、ＭＭＴはここにドイツ歴史学派という、経済学派の学者ゲオルク・フリードリヒ・クナップ（１８４２〜１９２６年）が展開した理論を源流とする貨幣論を組み込んでいます。クナップは、貨幣というものは国家がつくるものである、国家の権威の下でオカネはでき上がっている、という理論をたてた学者です。いわゆる、国定貨幣論です。

なおクナップの貨幣論は、ドイツの社会学者マックス・ヴェーバー（１８６４〜１９２０年）をはじめ、歴史学、人類学といった幅広い学問に影響を与えたものです。

いずれにせよＭＭＴの源流は、ケインズにあるわけですが、彼はいわゆる主流派の経済学者とはまるで違い、ケンブリッジ大学の中で哲学者や歴史学者などと幅広く交流しながら、経済学の方法を大きく変えていきました。そして経済政策の実施によって資本主義経済を現実的に変革していく、いわゆる「ケインズ革命」を成し遂げていった学者です。

ＭＭＴは、経済学はもちろんですが、これまでに引き継がれてきた社会学、歴史学、人類学といったさまざまな系譜の中に位置づけられる理論です。ですから、10年や20年前にポッと出てきた新参者の理論とはまったく違います。

ランダル・レイが『MODERN MONEY THEORY』（邦訳『ＭＭＴ現代貨幣理論入門』東洋経済新報社、２０１９年）で、《巨人たちの偉業の上に成り立っている》と述べている通り、

ＭＭＴは１００年以上の歴史を持つ伝統的な経済理論です。21世紀の今は、たまたま少数派であるだけです。

なおケインズ経済学は、少なくとも１９７０年頃までは主流派の経済学の潮流でした。ただし80年代、90年代になって学会における「流行廃《はやりすた》り」のあおりを受けて、経済学会および経済学部の中でケインズ派はどんどん小さくなっていったのです。

その結果、たまたま今は「少数派」になっているとは言えるのですが、そんな流行廃りと理論の真実性とはなんの関係もないということは、あらゆる科学分野において妥当するひとつの真実と言えるでしょう。

ただし、科学において流行廃りよりも圧倒的に重要なのが、「現実との整合性」です。その点において、今、ＭＭＴは世界的に大きな注目を集めているのです。

２００８年のリーマン・ショック、そして２０２０年からのコロナ禍によって生じた大不況状態を真剣に改善せねばと考えた多くの政治家、実務家、そして経済学者たちが、これまでの経済学の過ちに気づき、そして、ＭＭＴの「真実性」に気がつき始めたのです。

その結果、世界中で経済学における構造転換、あるいは大きな改革が起ころうとしているのです。ＭＭＴは今、少数派から抜け出て大きく拡大しつつあるのです。

なぜインテリほどMMTが嫌いなの？

そんな中で、なんとかMMTを否定し、これまでの自分たちの理論や考え方が正しいのだ、決して間違っていないのだ、と主張したい主流派の経済学者たちは、あの手この手でMMTを否定する理屈を編み出すのですが、それらはことごとく否定されているのが実情です。

典型的なものとして、「MMTは無尽蔵にオカネを刷れと言うが、そんなことをすれば、過剰なインフレになるじゃないか！」という批難があるのですが、そもそも、そういう主張こそがMMTの主張であり、MMTはなにも無尽蔵にオカネを刷れなどとは言っていません。インフレ率が適切な水準に収まるように、「貨幣発行量を調節せよ」と言っているにすぎないのです。

そんな経緯を経て、それでもどうにかMMTを否定したい人々が今、必至になって主張している批判は次のようなものです。

「財政拡大でインフレを目指していては、いざというときに財政をしぼることができなくなって制御不能なインフレになってしまう。だから、財政拡大でインフレなど目指すべきではない」

これは、MMTに対する不当な言いがかりにすぎません。

そう断じるのには4つ、理由があります。

1つめ。日本は、財政を拡大したり縮小したりする能力を実際に持っています。特に今の日本政府は、デフレになりすぎるくらいに財政を縮小するほどの能力を持っているのです。

2つめ。MMTは政府の一般会計の増減だけでインフレ率を制御すべしなどとは一切、言っていません。

所得税の累進制を強くしたり、法人税を強化することで、財政政策を意図的に拡大したり縮小しなくても「自動的」にインフレ率を安定化することができます。MMTは、そうした自動的な安定化の仕組みを強化することを主張しています。

3つめ。財政を拡大するだけで制御不能なインフレになることなど、十分な生産能力を持つ先進経済大国である日本が陥ることはありえません。

日本でそんな過剰なインフレになるのは、生産能力が激しく毀損《きそん》する場合に限られています。

4つめ。右記の批判は、なにもせずにデフレを放置することは、現在と将来の日本国民に激しい被害をもたらすという現状認識を一切忘れた、著しく不条理な批判です。

それはちょうど、栄養失調で命を落とす危険性がある状況の人が、栄養失調を治そうとして、食べる量を増やそうとしているときに、「食事を増やすとお前は過剰な肥満になるぞ！」と脅しているようなものです。

そんな脅しをかける人は、「栄養失調で死にそうになっている」という現実を無視する不条理極まりないメチャクチャな人物ですよね。

あるいは、「あらゆる食べ物には毒が入っているから、なにも食べるな！」と主張するような、極めて暴力的な批判です。そんな主張に従っていれば、人々は餓死する他ないのですから。

こうした理不尽な批判があとをたたないのは、世のインテリたちの多くがこれまで、「財政をふかすと破綻するぞ！」と何十年も言い続けて、今さら引っ込みがつかなくなってしまっているから、としか言いようがありません。

彼等はただ単に、自分たちが間違っていたということを認めたくないが故に、躍起《やっき》になってMMTを否定しているのです。

だから、インテリたちのMMT批判は、常軌を逸したものとなっているのです。

しかも、彼等が信じている財政破綻論は、ある種「宗教的」な思い込みにすらなっていて、あらゆる理論的な議論を拒絶するようなものとなっているのです。

たとえば、彼等が「信奉」している思想のひとつに、アメリカの財政学者ジェームズ・M・ブキャナンの著書『赤字財政の政治経済学―ケインズの政治的遺産』(文眞堂)で展開した思想があります。

民主主義においては、政治家が人気とりのために公共事業などの「バラマキ」に走りがちで、その結果、財政赤字が膨らんでしまう。これがブキャナンの財政思想です。

ブキャナンはこの財政思想の理論化で1986年にノーベル経済学賞を受賞し、世界に多大な影響を及ぼしています。そして、彼の思想が世界中に蔓延する中で、「民衆の主張や要求を一切無視して〝財政規律を守る〟ことこそが、国全体を守る上でとても大切で、道徳的に正しい行為だ」という風潮が強化されていったのです。

そして、この風潮が、先進国のエリートたちの常識となりました。日本の政治家や官僚、学者たちといったインテリ層も、ブキャナンの財政思想に汚染されました。住民たちはみんなバカである、そして、そんな住民が好む財政拡大は不道徳なものである、という考え方が日本のインテリ層の常識となったのです。

『赤字財政の政治経済学』が日本で発刊されたのは1979年です。この70年代の中盤から後半にかけて日本では、田中角栄の「金権政治」や「ロッキード事件」といった事件が起こっていました。田中角栄は、ブキャナンの財政思想のイメージそのままに、いわば「土建のバラマキ政治」で政治権力を握り、賄賂事件で逮捕された政治家でした。

また、このときは戦前の日本の政治も取り沙汰されました。軍事政権が暴走したのは軍国主義日本の民意であり、無駄な国債を発行しまくって愚かな戦争を始め、最終的に自滅した、という解釈もまた、ブキャナンの財政思想の妥当性を強化するものでした。

ジェームズ・M・ブキャナン
(1919年10月3日～2013年1月9日)
米国の財政学者・経済学者。
1986年にノーベル経済学賞を受賞。著書で展開した財政思想は世界に多大な影響を与えた

日本のインテリたちの頭の中で、リアルタイムの田中角栄や過去の軍国主義のダーティなイメージとブキャナンの理論とが重なっていったわけです。

日本のインテリたちの多くは、次のように考えています。「財政拡大は単なる民衆のエゴである。我々インテリは、財政拡大を叫ぶような手合を黙らせて〝緊縮〟しなければならない。さもなければ日本はメチャクチャになる」「戦前の日本を見ればわかる通り、国債には危険性がある。日本を守るために我々インテリは、積極財政を叫ぶ民衆を黙らせて緊縮財政を貫くことが必要だ。それこそが正しく道徳的な行為だ」

実にこれが、日本の平均的なインテリ、つまり政治家や役人、学者の共通認識なのです。住民エゴを無視して緊縮すべきだという主張は、誰も反対できないような「ポリティカル・コレクトネス」（政治的に適切な発言）となってしまっています。

だから、日本のインテリたちはMMTに対して激しく反発するのです。MMTは、「インフレになるまでは財政赤字を拡大すべきだ」と主張する理論だからです。

たとえば、すでに紹介した通り、インテリ左派の代表的なメディアである朝日新聞は、MMTを、《かなりの「トンデモ理論」》と表現してこきおろしました。朝日新聞の一部の記者は、「国家の暴走」ということにとりわけ警戒心を抱いていて、それを批判し、止めることが正義だと信じているからです。

また、ブキャナンの理論は、インテリたちの、いわゆる「選民思想」をくすぐるものでもありました。愚かな民衆を正し、我々インテリの言う通りに緊縮をやれば国は救われる、という考え方は選民思想以外の何物でもありません。

インテリたちがＭＭＴを即座に否定したくなるのは、自分自身の虚栄心のためでもあるのです。インテリであることを疑われないようにするために、単なるポーズで国債発行を不道徳呼ばわりしているわけです。

そしてもうひとつ、インテリたち、特にインテリ左派たちがＭＭＴを嫌う理由として、ＭＭＴの貨幣論があるようです。

前章で、オカネの本質は「国家の負債」であるというお話をしました。

この負債は、国民が国家に対して負っている「借り」「負債」を返させるために、わざわざ国民に対して負う「負債」です。これは、実は国民は国家に恩がある、という考え方でもあります。親子の関係にも似ていると言うことができるでしょう。

ところが、世界中のエリートたちの多く、とりわけ「左派」のエリートたちは「国家権力」そのものに根本的な反感を持っているのです。そしてその傾向は、日本において特に強いものでもあります。

なぜなら、日本のインテリ層は、『戦前の日本は「国家」が暴走してトンデモない戦争を始めてしまった、だから、俺たちインテリは、そういう国家の暴走を止める義務があるのだ！』という独善的なメンタリティを持っているからです。

そんなメンタリティを持っているインテリ層は、国家に強力なパワーがあることを前提とするＭＭＴの発想そのものが、許せないのです。

かくして日本においてＭＭＴはより一層、インテリ層の人々に嫌われてしまうわけです。いずれにしても、ブキャナン思想にせよ、国家を忌み嫌う左派思想にせよ、そういう「思想的」な次元で、ＭＭＴは嫌われる理由があるのです。

多くのエリートたちが、ＭＭＴを蛇蝎《だかつ》の如く嫌う理由もそこにあります。

ですが、そんなＭＭＴ嫌いの根拠は、単なる思想的な気分にすぎず、現実経済の動向とは無関係なものです。だからこそ、リーマン・ショックやコロナ禍を経て、今、多くの知識人たちが、自分たちの好き嫌いが実は間違っていたのだ、ということを少しずつ理解し、なかば反省する心落ちになりながらＭＭＴの真実性に気づき始めている、という次第なのです。

第四章　ＭＭＴは本当に日本を良くするの？

デフレが続くと日本はどうなるの？

時々、デフレでもいいじゃないか、いろいろ安く買えるんだから、と言う人がいます。困る人もいるかもしれないけども助かっている人もいる、そもそもみんな賃金が低いのだからデフレのほうがいい。そう言います。

ですが、ちょっと待っていただきたい。モノの値段がどうこうではなくて、「賃金が低いのがデフレ」です。しかも、理論的・実証的に賃金の下落率のほうが物価の下落率よりも早いのですから、デフレはみんなが貧乏になるばかりの完全悪です。

デフレをなめてはいけません。

少し視点を変えて考えてみましょう。今、日本が抱えているとされる問題のほとんどはデフレが原因です。

具体的に、6つあげてみましょう。

1つめの問題。日本は今、外交力が下がってきていると言われています。簡単に言うと、アメリカに軽く見られる、中国にも軽く見られる、といったことです。

高度成長期以降、デフレに突入する1990年代まで、海外からは、日本はものすごく立派な国ですね、と褒められるのが常でした。ところが今は、言い方は悪いのですが、海外からの評価が「後進国化」しているのが実態です。

上皇陛下の即位の礼は1990年（平成2年）に執り行われました。今上の天皇陛下の即位の礼は2019年（令和元年）に執り行われました。

平成2年の即位の礼では、アメリカからはダン・クエール「副大統領」が参列しました。令和元年の即位の礼では、アメリカからはイレーン・チャオ「運輸長官」が出席しました。

即位の礼には、世界各国から多くの賓客が参列します。賓客の役職の対比による、あくまでも私個人の分析ですが、6カ国は日本という国を格上げしていると言えるのですが、同じ考え方から、実に35カ国が日本を格下げしていると言えるのです。

平成黎明《れいめい》期の日本の経済力は、全世界の約15〜18％程度を占めていました。それが今では約6％にまで凋落《ちょうらく》してしまっています。

もともと、憲法の制約もあって日本の軍事力は二流あるいは三流と評価されており、外交的には経済力だけが頼みの綱でした。ところが日本はデフレという重篤《じゅうとく》な病を患って衰弱の一途を辿り、日本経済はかつての3分の1程度にまで縮んでしまったのです。

かつて日本人は「世界トップクラス」のお金持ちでした。今はむしろ貧乏化しつつあるのです。貧乏な国だから、観光立国などと言って、中国人を中心にインバウンド（訪日外国人旅行）を増やすことを熱心にやります。これは実は後進国のやり方です。

世界のトップ10企業と言えば、かつては常に8社程度が日本企業でアメリカ企業が2社入っているぐらいのものでした。今は日本企業はなかなか入ってきません。世界的に有名な経済誌「フォーブス」が毎年「世界の有力企業2000社ランキング（グローバル2000）」を発表していますが、2021年5月の発表では、日本企業のトップはトヨタで12位です。つまりトップ10には日本企業は一社も入っていないのです。

日本は先進国であるというのは、今や昔の話です。これはすべてデフレだからです。

2つめの問題。格差社会が広がっているのもデフレが原因です。物の値段が下がり、給料が下がり、人々は貧乏になります。今、地方がボロボロになって格差が広がっているのは、デフレが進んで貧乏になり、みんな東京に出てくるからです。一極集中というものはデフレになると進むのです。田舎はどんどん寂れていき、地方は消滅しかかっています。

3つめの問題。国防および防災です。デフレであるのに緊縮財政をとる政府の下で経済が縮小し、今は税収が60兆円程度しかありません。税収が60兆円程度しかないのであれば国防のために、また、防災のために十分なオカネを使うということもできません。

かつて日本はGDPが世界第2位で、簡単に言うと世界のマネーの2割弱を日本人が持っていました。低すぎるという国際的な批判はありますが、日本は慣習としてGDP比1%程度を軍事費に使うということになっています。

当時はGDPも大きかったので軍事費もそれに応じた額でしたが、GDPが世界並みに伸びていないわけですから比例して軍事費も小さくなっているわけです。

これでは、大きな問題になり続ける尖閣諸島の問題にも十分な対応はできませんし、アメリカとの関係においては、アメリカがどんどん強くなって、日本はさらに隷属化していかざるを得ません。

防災についても、ダムや堤防をはじめ、予定されているものができ上がっていません。2019年の台風19号、令和元年東日本台風の際にも、東京はかろうじてもちこたえましたが、東北や上越地方は洪水で甚大な被害を受けました。

デフレでなければ、今、日本のGDPは1000兆円程度になっていたはずです。ところが、2021年10月時点で553兆円強です。コロナ禍前の2019年は約560兆円でした。倍ほどのGDPが予想されたということは、税収も倍あるわけですから各所の堤防もつくれていたはずです。

4つめの問題。生産性の低下です。生産性とは、「1時間働いて何円の付加価値を生み出せるか」ということです。付加価値とは、各企業の「売上高から原材料費や外注加工費、機械の修繕費、動力費などといった外部から購入した費用を除いたもの」です。

今はもう、どれだけ努力しても1時間で1000円の付加価値しか生まない、あるいは2000円程度しか生まないという話をよく聞きます。たとえばニューヨークであれば、それが4000円、5000円程度だと言われています。

日本人が無能だから生産性が低いのではありません。デフレでモノの値段が安いからナンボ働いてもまったく儲からない、したがって生産性が低くなっているだけです。医療、介護の現場も崩壊しつつあります。医療費は削減され、介護の賃金も安くなる。誰も働きに来ず、医療現場や介護の現場がボロボロになっていくのです。

5つめの問題。自治体の財政難です。自治体がみんな貧乏になるから人口も減り、そのうえ住民は儲からないから税収も減るのです。

その結果、自治体は住民のために十分な行政サービスが提供できなくなってしまっており、人々の「不幸」は加速度的に拡大してしまっています。

6つめの問題。科学技術力の衰退です。かつて日本の科学技術力には世界有数のものがあり、20年、30年前には国内の研究成果で毎年ノーベル賞が出るぐらいのすごさでした。

各国の科学技術力を評価する尺度として、「論文シェア」というものがあります。世界の学術誌に掲載される論文の中で占める割合のことですが、日本人の論文が顕著に下がってきています。これは、科学技術の研究開発に対する政府支出が縮小されてきたからです。

日本の国力、国民の安寧《あんねい》、幸福水準は、軒並みデフレを原因として凋落してきているのです。栄養失調になってガリガリになって骨皮筋衛門になったら、しんどいし、働けないし、儲からないし、友達も離れていく。遊びに行けないし、体力はないし、ぜいぜい言うだけでなにもかもがダメになる。それがデフレです。

（国家として）中肉中背ぐらいになろう。肥満はまずいかもしれないけれども、中肉中背ぐらいになれば働けるし、友達とも遊べるし、いろんなことができる。人を救えるし、お父さんやお母さんの親孝行もできるし、子供の面倒も見ることができる。

そのためには基礎体力がなければいけないから、デフレはいけない——。

MMTをしっかり理解した人ならば、誰もがこう考えることになります。なんといっても、MMTは、現代の貨幣というものは、政府が提供しているのであり、それを借りたところで返済できなくなる、ということはありえない、ということを主張しているのです。

しかも、MMTは、政府が供給する貨幣が増えればインフレになりそれが減ればデフレになる、ということを描写するものでもあります。

だから、MMTを過不足なくしっかり理解している人ならば誰でも、「デフレ脱却のために財政政策が必要ならば、財政政策を拡大すべきだ」と考えることになるのです。

ところが、MMTを批判する方々は、概して財政破綻するのはダメだとは言うのですが、デフレはダメだとは思っていない。今のままでいいのだ、と言っているわけです。

しかし、そうすると、これまで見てきたように私たちは「死ぬ」のです。

つまり、MMTを批判する方々は、MMTが描写する「貨幣の現実」を理解していないのみならず、デフレによって日本が今こんなにも苦しめられているのだ、という「経済の現実」についてもまた、理解していないのです。

いわば彼らは、貨幣や経済についての「現実」をなにも知らないで、ただただ「これまで自分たちが行ってきたことと違うことを主張している理論があるぞ！」というだけの理由で、MMTを批判しているにすぎないわけです。

日本のデフレ脱却は大ウソなの？

中には「日本はもうデフレじゃないよ」と言う人がいます。あるいは「デフレ脱却の途中で見通しは明るい」と言う人もいます。果たしてそうでしょうか？

内閣は、日本の景気に関する見解を述べる「月例経済報告」を毎月出しています。同報告で2013年の後半に「日本はデフレ状況ではなくなりつつある」という見解を出し、当時の安倍首相も同年12月の参議院本会議で「デフレ脱却に向けた局面変化がみられる」と述べたものの、その後まったく進展していません。報告に、デフレ脱却に関する積極的な見通しが述べられることもなくなっています。

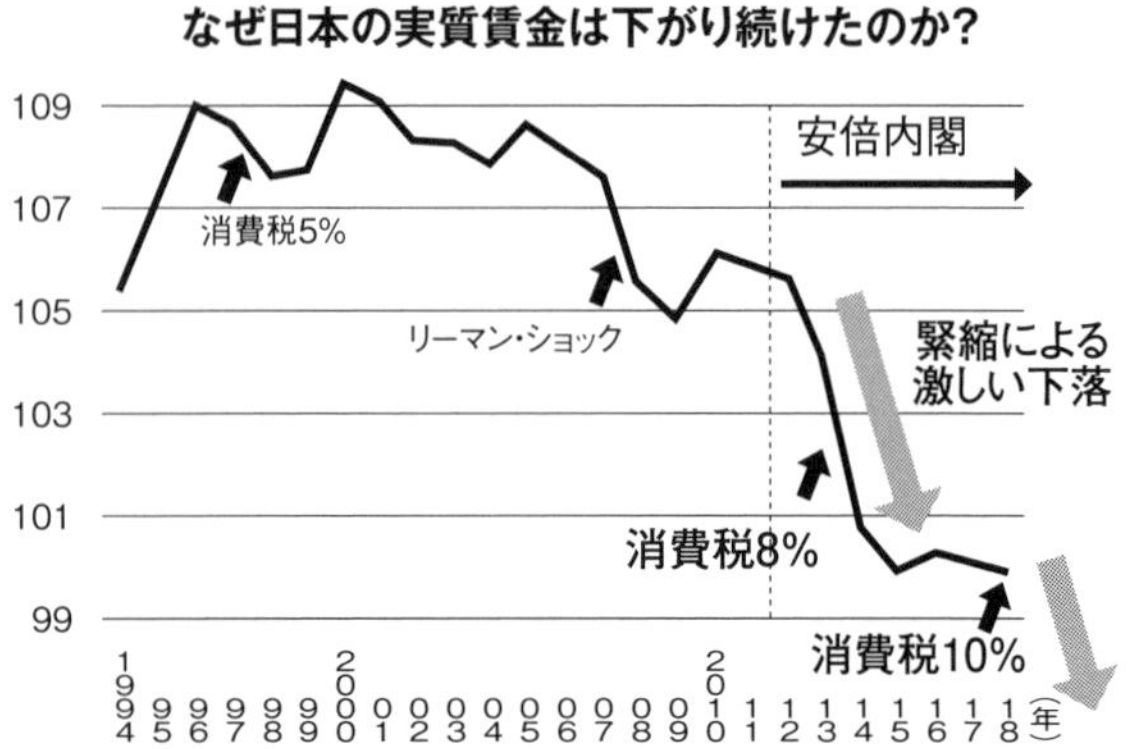

出典:/厚生労働省毎月勤労統計調査

1997年の消費税増税から長期的なデフレに突入。実質賃金は急落したが、「緊縮財政」により、さらに悪化した

完全失業率については低い水準になりつつあります。

2002年6月および8月に過去最高の5・5%となりましたが、2021年8月の時点では2・8%です。コロナ禍の影響が顕著となる前の2020年1月には2・4%でした。

けれども、実質賃金については激しく下落しています(上表参照)。

労働者が実際に受け取った給与を「名目賃金」と言い、名目賃金から消費者物価指数に基づく物価変動の影響を差し引いて算出した指数が「実質賃金」です。消費者物価指数は、商品の価格の動きを平均的に数値化したものです。

実質賃金は2014年の消費増税によって

急落しました。２０１２年の第二次安倍内閣の誕生以来、消費税を５％から８％に上げたことで実質賃金は５・７％も下落しました。

また、２０１３年の１月から３月にかけて２％以上も下落したと報告されており、実質賃金についてはこの時点で約８％の下落です。

そして、２０１９年10月、消費税は８％から10％に再び増税されました。

これまで実質賃金を短期的には約２％、中期的には４％程度下落させることがわかっていますから、第二次安倍内閣は、消費税を５％から10％に増税するという政策を通して、12％程度の賃金下落をもたらしたことになります。これは、政府の政策によって起こった事態です。

また、景気というものを考える要素に「金利」と「インフレ率」がありますが、金利もインフレ率も、きわめて低い水準となっています（次頁表参照）。

金利はほぼ「０％」の水準に近づく状態で推移を続けています。ＭＭＴは特に「インフレ率」に注目していて２％程度が適当であると考える理論ですが、このインフレ率もほぼ「０」の水準です。

いやいや２０１４年から２０１６年にかけて１％前後にまで上昇しているではないか、

金利と物価の長期推移

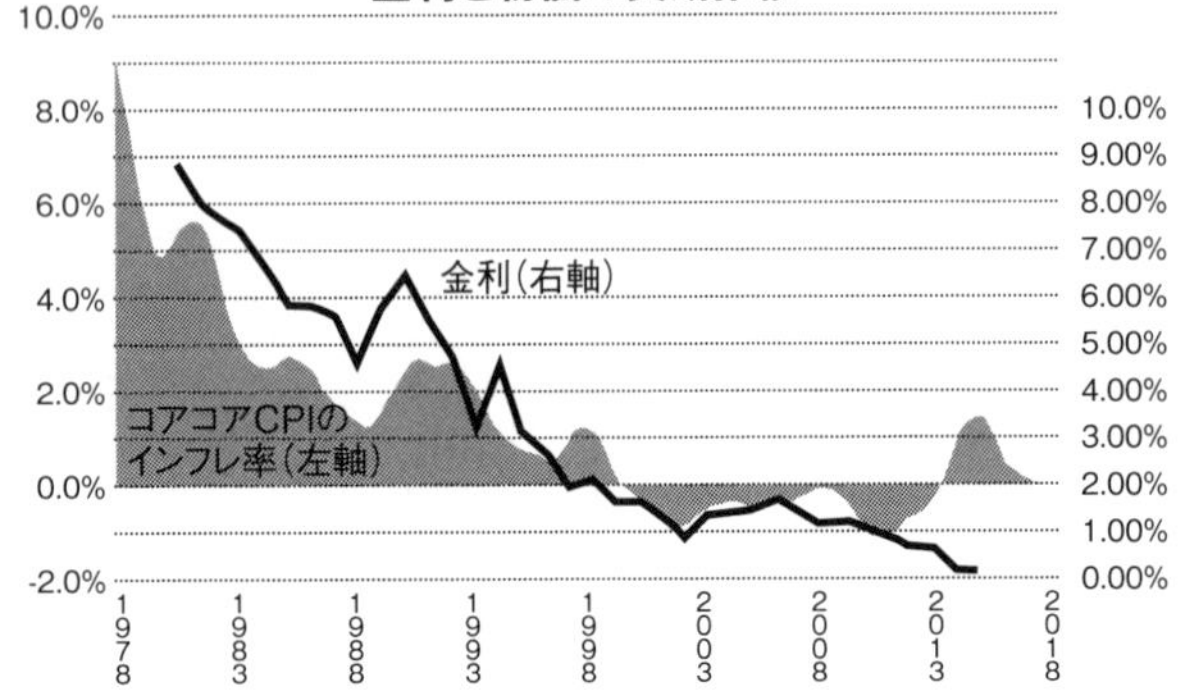

出典:内閣府、総務省

金利:10年国債の12月最終時点での金利水準

CPI:コアコアCPIの対前年変化率

と言われるかもしれませんが、これは前章でも紹介した、２０１４年の消費増税によって各企業が増税分を価格転嫁することで生じた「コストプッシュ・インフレ」と呼ばれる現象です。

需要の増加、つまりみんなが欲しがるから上がるのではなく、原材料費などのコストの影響を原因として物価が上がるコストプッシュ・インフレは悪性インフレの一種です。

賃金が下落し、物価も低迷している。この典型的な「デフレ状態」を、日本はすでに20年以上続けているわけです。

ＭＭＴの理論に基づけば、これは、水の流れが小さくなり続けている、つまり資金循環量が縮小し続けているという事実を明白に示しています。

なぜ資金循環量が低迷し続けているかと言えば、前章でお話しした通り、政府の資金供給量が著しく低下したからです。

政府の資金供給量と財政赤字は、同じものを意味します。2012年頃には35〜40兆円程度だったものが、第二次安倍内閣の誕生以来、政府の資金供給量は大きく下落していき、2017年には10兆円に縮小しました。6年間で30兆円も減少させた、つまり水の流れをしぼった、ということです。

資金供給量を30兆円も減少させたということは、日本経済内の資金循環量がそれだけ縮小したということに他なりません。その結果としてデフレが進行し続け、インフレ率が下落し、実質賃金が激しく下落しているのです。

財政赤字は「民間の資金づくり」なの?

前項に、政府の資金供給量と財政赤字は同じものである、という話が出てきました。一般的に「赤字」という言葉はいいイメージを持たれていません。家計においては確かに、「赤字＝困ったもの」だからです。

そもそも黒字・赤字という用語には良い・悪いといった価値判断などは入っていないの

ですが、一般的なイメージから誤解や先入観が生まれてしまうこともあります。この際、ちゃんとお話をしておきましょう。

私たち「民間」の合計所得は、定義上、次のようになっています。

民間の黒字＝政府の赤字

これは理論ではなく、事実です。たとえば、AさんがBさんに1万円を渡すと、Aさんの支出が1万円、Bさんの収入が1万円ということになります。つまり、必ず、誰かの支出は誰かの所得なのです。

したがって、民間が「黒字」になれば、政府は「赤字」になります。もちろん、その逆になることもあります。黒字と赤字の水準は、1万円を渡す例と同じくイコールです。

「民間が黒字になる」ということは、民間の市場に外部から資金が注入されることに他なりません。つまり、「政府の赤字」は「民間市場への外部からの資金注入」そのものなのです。これは貨幣循環というものの事実です。

以上のことから、MMTは、「政府の財政赤字を、民間市場への資金注入量を拡大するものとして肯定的に捉える」のです。

世間では、政府の財政赤字の拡大は赤字拡大ということだけで「悪いこと」だとみなす風潮が強いものです。しかし、見方を変えると、民間市場への資金注入量が拡大するので「良いこと」なのです。

こういう言い方もできるでしょう。財政赤字の拡大は悪いことだと考える一般的な風潮は、政府の財布を重視する視点を持っている。一方、MMTは民間の豊かさを重視するという視点を持っている。

政府の赤字が拡大し、民間市場への資金注入が拡大すると、民間は自ずと活性化します。経済とは、オカネが循環していく、ということです。オカネは流れ続けて、「金は天下の回りもの」という事実になります。

GDPとは、「どれだけのオカネが流れたのか」を一年分積み上げたものです。GDPの拡大を経済成長というわけですが、つまりこれは、循環していく「オカネの総量の拡大」ということです。

少しのオカネしか回っていないときには「不況」と呼ばれる状態になります。より多くのオカネが回り始めれば「好況」と呼ばれる状態になります。

不況のときには、それぞれに入ってくる所得つまりオカネが少ないので、当然、使うオカネも少なくなります。出ていくオカネが少なくなるのですから、当然、別の人の所得が少なくなります。好況のときにはその逆で、使うオカネが多くなり、人々の所得が大きくなる、ということになります。

好況と不況の違いは、人々のやる気だとか努力だとか能力だとかが先にあるのではなく、循環しているオカネの総量、つまり貨幣循環量が多いか少ないかの違いが先にあるのです。オカネの総量が少ないから皆が貧乏になり物価も賃金も下落していくので、皆がやる気をなくしていくのです。一方で、オカネが多ければ、物価も賃金も上がっていくので、皆が俄然やる気になるのです。やる気だとか気分だとかは原因ではなく、マクロな経済減少の結果にすぎないのです。

だから、不況から好況に変えていくためには、外部から民間市場にオカネを注入すればいいのです。「デフレから脱却しよう！　オカネをいっぱい使いましょう！」なんていくら言ったところで、デフレは終わらないのです。

さて、すでに先の章で説明しましたが、ＭＭＴは、政府は財政政策を通してオカネの総量を調整する能力を持つ、そして、オカネの総量が多すぎれば過剰なインフレに、少なすぎればデフレになるという「事実」を描写する理論です。

このことはつまり、経済を健全な状況に保つためには、政府の財政支出には「下限」と「上限」があるということを意味しています。

「下限」とは、経済が停滞してしまう程度の政府支出量です。「上限」とは、経済が過熱されすぎてしまい、過剰なインフレになってしまう程度の政府支出量です。

政府がこの政府支出の「上限」と「下限」を常に意識し、その範囲から逸脱しないように支出を拡大したり抑制したり、といった調整を図り続けることで、経済は健全な状況で順調に成長し続け、人々の暮らしは安定的に豊かになっていくのです。

ところが、現実の日本政府は、そのようには考えず、ただやみくもに、「予算を削る」ことばかりを考えています。つまり日本政府は決して、「下限」を考えてはいないのです。

そうなれば当然、必要な財政が支出されなくなります。そして必然的に政府支出は「下限」を下回り、その当然の帰結としてデフレになってしまうのです。日本で20年以上もデフレが続いているのはまさに、これが原因なのです。

政府が考慮すべき財政の「下限」基準を考えず、ただただひたすらに予算を削り増税を図ろうとしてきた必然的な帰結として、日本がデフレになっているのです。

つまり、デフレの原因は、政府の振る舞いそのものにあるのです。

とはいえ、改めてここで繰り返しておきますが、「上限」の基準を考えないというのも問題です。つまり、「政府は破綻などしないし、借金を増やせば景気が良くなるのであれば、政府は税金など取らずに、なにも考えずに年間何百兆円でも何千兆円でも国債を発行して行政を行えばいいじゃないか」などということを考えてはならないのです。

そういうことをして、ただただ財政を拡大すれば、過剰なインフレになってしまうからです。

一般に、賃金の上昇には、労使の交渉など、さまざまな社会的要素が関与しますので、急激には上がらないのです。ところが物価のほうは、経済学的なメカニズムで上昇しますから、過剰インフレになれば、賃金の上昇スピードよりも早く、物価が上がっていきます。

そうなると、人々は欲しいものを十分に買えなくなってしまいます。結果、過剰なインフレは、人々を実質的に貧乏にしてしまうのです。だから、政府支出には、過剰インフレになる程度の支出を「上限」として設定し、それ以上の支出拡大をしないように注意しておくことが必要なのです。

この話を、もう少し詳しく解説しましょう。

モノの値段を「物価」と言います。「物価」とは、ざっくり言えば市場に流通しているオカネの総量を、市場内にあるモノの数量で割ったものです。モノ一つ当たりのオカネの量が物価ということですから、モノの数は変わらないのに循環するオカネの量を無制限に増やしてしまえば、当然、物価は無制限に上昇します。

「需要」と「供給」という言葉があります。需要とは、買おうとする欲求です。供給とは商品を市場に出すことです。

モノの量は、「供給」の能力に依存します。一方、人々がより多くのオカネを持っているとさまざまなものが買えるようになり、「需要」が拡大します。

つまり、政府の赤字の拡大は「需要」を拡大させます。したがって、政府が赤字を拡大しすぎれば、「供給」の能力を「需要」が大きく上回る結果に導きます。そうすると、当然、物価が高騰して「過剰なインフレ」になります。

「過剰なインフレ」はダメです。給料の上昇が物価の上昇に追いつかなくなって、国民を大いに苦しめます。

ＭＭＴは民間の豊かさを重視し、国民の幸福を財政基準とすべきとする経済理論です。

したがって、政府支出の「下限基準」は経済が停滞してしまう程度の政府支出量である、とすると同時に、過剰インフレになるほどの政府支出あるいは財政赤字＝民間への資金供給量の拡大は回避すべきである、政府支出あるいは財政赤字の「上限基準」は過剰インフレになってしまう程度の政府支出量である、と考えることが、ＭＭＴから自ずと演繹《えんえき》されることになるのです。

デフレはどうして解決しないの？

日本のデフレの根本原因は、政府による激しい「緊縮財政」によって資金供給量つまり貨幣供給量が著しく縮減されたことにあります。これこそが、根本的な原因です。

ただし、より具体的な例をあげるなら、日本のデフレの原因として以下の５つをあげることができます。

逆に言えば、政府がこれらについていずれも適切に処理することができるのなら、日本はデフレから脱却できるのです。

１つめの原因は、「消費増税」です。

２０１４年の増税を機に、消費は著しく縮小し、世の中の資金循環量は激しく停滞し続けています。

２つめの原因は、「プライマリー・バランス黒字化目標に基づく支出抑制」です。

第二次安倍内閣下では、２０１４年の消費増税で税収増等も含めて、合計して17兆円も拡大しました。

これだけ税収が増えたのですから、17兆円すべてを国民のために使ってもいいはず……なのですが、政府はそうはせずに、７兆円程度しか支出を増やさなかったのです。これはつまり、10兆円の支出増を抑制したわけです。では、その抑制した10兆円をどうしたのかと言えば、それは、「借金返済」に回したのです。

いずれにしても17兆円吸い上げて７兆円しか吐き出さなかったのですから、結局政府は、10兆円の民間貨幣を消失させたわけです。

なぜこのようなことをしたのかと言えば、プライマリー・バランスを黒字化する、つまり、国債発行額を実質ゼロにする、という目標があるからに他なりません。政府の論理に従うなら、「税収がどれだけ増えようが、国債発行額を減らすことが大事なのだから、支出を増やすなんてもってのほかだ！」ということになるのです。

3つめの原因は、「移民拡大政策」です。

資金循環量の確保には、人々の賃上げが不可欠です。しかし、政府は移民受け入れを拡大しているのですが、これが今、日本人の賃金を大きく下落させる圧力をかけることになっているのです。

これは、消費税や支出カットなどの直接的な財政政策ではありません。しかし、移民拡大は政府が意図的に行っているものであり、かつ、それによって必然的に人々の賃金が下落することになるのですから、政府が自らの意志でもってかけているデフレ圧力の一種だと言うことができます。

4つめの原因は、「自由化促進政策」です。

資金循環量の確保には、過当競争による価格引き下げ競争、いわゆるダンピングを抑止して、物価と賃金の下落を抑止していくことが必要です。

しかし第二次安倍内閣以来、政府はそうした過当競争を抑止するどころか、拡大する政策を採用し続けています。たとえば電力や水道事業に対する規制緩和、種子法廃止による主要農作物の育種への民間企業の参入に関する規制緩和などは、いずれも過当競争を促進し、物価、資金を下落させる帰結をもたらします。

また、国家戦略特区が2014年から実現化していますが、これは、「〝世界でいちばんビジネスをしやすい環境〟をつくることを目的に、地域や分野を限定することで、大胆な規制・制度の緩和や税制面の優遇を行う規制改革制度」というものです。

こうした制度が導き出すのは、過激な自由化です。過激な自由化が、物価と賃金の下落を加速させていると言うことができます。

5つめの原因は、「自由貿易促進」です。

資金循環量の確保には、安い外国製品の輸入を抑制することも重要です。

第二次安倍内閣以来、日本とEU（欧州連合）の間で締結された経済連携協定・日欧EPA、日本・メキシコ・シンガポール・ニュージーランド・カナダ・オーストラリア・ベトナムの間で締結された環太平洋パートナーシップ・TPPなど、さまざまな貿易自由化が進められています。この政策が、「過当競争→物価下落」の状況を導くデフレ圧力となり、賃金の下落を加速させています。

つまり、「緊縮財政」のみならず、「グローバル化」「構造改革」をキーワードとした政策もまたデフレを加速し、デフレ脱却を阻んでいるわけです。そして、これらを反転させた「反・緊縮」「反・グローバル化」「反・構造改革」の方針が、少なくともデフレから脱却するまでは求められるということになるのです。

日本はデフレから脱却できるの？

国の財政をどう考え、その考え方に基づいて設定する方針が「財政規律」ですが、すでにお話ししたように、今の日本は、財政赤字をゼロとすることを目標として財政規律を設定し、緊縮財政を進めています。それがデフレの元凶となっていることは繰り返し述べてきました。

ここでMMTに基づく財政規律を整理しておきましょう。

過剰なインフレやデフレを回避するために、インフレ率＝物価上昇率が2％から4％程度に「安定的」に収まるように、毎年の財政収支を調整していくことが必要です。これが、

ＭＭＴの導き出す、あるべき「財政規律」です。財政収支の調整は、新規国債の発行額の調整、場合によっては消費税率などの調整を通して行えばよいのです。

ところが、前項で上げたデフレの原因は、いずれも２％から４％程度の適正なインフレ率を実現することを妨げているのです。だから、それらの原因を反転させれば、デフレ脱却のために必要な、具体的な方針が見えてきます。

方針については、次のように大きく6つに整理してみましょう。

１つめの方針は、「プライマリー・バランス目標の撤廃」です。

デフレを導いている増税や支出抑制は、閣議決定されたプライマリー・バランス黒字化目標に基づくものです。ＭＭＴに基づく貨幣の考え方では、プライマリー・バランス黒字化目標を掲げることそれ自体に合理的な根拠はありません。財務省が「日本が円建て国債で破綻することはありえない」と公式に表明している通りです。

にもかかわらず、プライマリー・バランス黒字化目標は死守し続けられようとしています。その理由はこの章の最後にお話ししますが、プライマリー・バランス黒字化目標が生き続ければ、日本は永遠にデフレから脱却できず、成長はもちろん、それのために掲げられている目標であるのに、財政健全化すら実現は不可能になります。

プライマリー・バランス黒字化目標は過剰に厳しすぎる規律です。現実として、日本のようにプライマリー・バランス黒字化目標を掲げている主要先進国はひとつもありません。主要先進国の財政規律は、景気変動を加味したずっと緩いものになっています。

まず第一に進めなければならない取り組みは、プライマリー・バランス黒字化目標の撤廃です。

2つめの方針は、「消費税の凍結および減税」です。

今のデフレを「加速」している最大の直接的原因は消費税です。デフレ脱却までの間は、5％あるいは3％にまで減税する必要があります。直近の世界的な経済危機としては、2007年のサブプライム・ローン危機、2008年のリーマン・ショックがありました。その際、カナダやイギリスは消費税を減税しました。日本においてもこうした対策が絶対に必要です。

3つめの方針は、「法人税増税」です。

次章で詳しくお話ししますが、法人税には「ビルトイン・スタビライザー」（自動安定化装置）という機能が埋め込まれています。

法人税は「利益」に対してかかる累進税です。景気の動向によって自動的に変化します。ということは、法人税は、デフレ期には自動的にデフレ圧力を軽減し、インフレ率の変動を自動的に抑止するという、経済の安定化装置として働くということです。貨幣循環量の適正化を図るためには、税金ということのビルトイン・スタビライザー機能を強化しておくことが大切です。

実は今、日本の法人税率は過剰に引き下げられています。これを諸外国と同一レベルまで引き上げ、ビルトイン・スタビライザーとしてきちんと機能する仕組みを整えることが必要です。

4つめの方針は、「移民・構造・貿易政策」の「適正化」です。

これは物価と賃金の下落を食い止め、向上させるための方針です。

移民政策は抑制的な方向に運用・法改正していくことが必要です。貿易の自由化に関するＥＰＡやＴＰＰについてはすでに締結され、２０２０年には日米貿易協定が発効しました。すでに運用が開始されてしまっていますが、今後、自由化を抑制する方向でこれらの貿易協定に相対していく必要があります。

構造改革についても、さまざまな規制を再強化する必要があります。

こうした取り組みを進めることで過当競争は抑制され、物価の下落を食い止めることができます。

5つめの方針は、「補助金等に基づく公定価格・公定賃金の実質的上昇」です。

公共的な意義があるという理由で、政府が公的資金を注入している各種事業・就労において、過当に低いとみられる賃金や物価を直接的な方法で上昇させることが必要だ、ということです。

直接的な方法で上昇させる、とは次のようなことです。

まず、医療、介護、運輸、建設、そして、あらゆる公務の賃金や価格を、それぞれの現場の状況を徹底的に調査した上で、客観的な視点から適正な価格を検討します。そして、その水準にするために必要な制度設計とともに、十分な公的資金を注入します。

その過程で、人手不足が顕著である事業も明らかになるでしょう。そうした事業においいては、十分な公的資金のもとで人員を拡充します。

なおMMTに基づく政策議論においては、賃金を上昇させるためのアプローチとして、しばしば「就労・賃金保証」プログラム（Job Guarantee Program, JPG）の導入が提案されることがありますが、これについても、また後ほど詳しく解説いたしましょう。


6つめの方針は、「長期投資計画の策定とそのための投資拡大」です。

財政支出量を柔軟に、かつきめ細かく調整していこうとするとき、長期的な投資計画を策定しておくことは、大変有利な対策となります。

今のようなデフレ状況下では、貨幣循環量を増やすことが求められるわけですから、その長期計画に基づく投資を加速しておくことができます。デフレを脱却したあとでは、貨幣循環量の調整が必要になりますから、同じ長期計画の投資の速度を緩和することで対応できます。

これは、支出量の増減にかかわらず、長期的な視点からの「ワイズ・スペンディング」が可能となる、ということです。

ワイズ・スペンディングとは「かしこい支出」という意味で、MMTがとても重要としている考え方です。

長期投資計画を考えておけば、長期的に求められる事業や雇用のかたちも明らかになります。さらには、5つめの方針の中で掲げた「就労・賃金保証」プログラムの推進も合理的に進めることができるようになります。

デフレ脱却のために今すぐできることはないの?

前項で、MMTの理論および主張に基づいたデフレ脱却の方針を掲げました。今の日本に必要な対策は多数に及んでいることがおわかりになったことと思います。

しかし、そうした対策の中には、法改正を必要とするものが含まれていて、実現までには、かなりの期間を要します。

デフレは刻一刻と、今このときにも日本経済を傷つけ続けています。中長期的な準備が必要な対策を速やかに進めていくことはもちろん重要です。しかし、短期的にすぐにできることはないの? という疑問は当然のことでしょう。

デフレ脱却のために短期的にすぐにできることの代表的な対応が、前項でも掲げた「消費税の凍結」および「減税」です。

そして、それとともに必要なのが、「可及的速やかに大型補正予算を決定して迅速に遂行すること」です。補正予算とは、予算成立後に追加・変更を行うために組まれる国家予算のことです。

大型補正予算によって迅速に貨幣循環量を確保することで、デフレがデフレを呼ぶ「デフレ・スパイラル」を終わらせ、インフレがインフレを呼ぶ「インフレ・スパイラル」へと転換させていく、ということです。

では、デフレからインフレへの展開をもたらすために必要な短期的な財政支出拡大は、どの程度の水準のものが必要なのでしょうか。

MMTの考え方に基づけば、インフレ率は少なくとも2％程度であることが必要です。そして、それが達成できていないからデフレから脱却できていない、ということなのです。そして、達成できていないということは、すなわち政府支出の拡大が今求められているということに他なりません。

まず、インフレ率については、次のような定義があります。名目成長率とインフレ率の関係を示す式です。

名目成長率＝実質成長率＋インフレ率（デフレーター上昇率）

名目成長率とは、貨幣循環量あるいはGDPの成長率を意味します。実質成長率とは、インフレ率を考慮した、実質的な取引量の拡大率を意味します。

「名目」とは、その年度に実際に行われた取引をそのまま価格で表したものです。「実質」は、名目から、特定の年の物価を基準として物価上昇や下落などの物価変動部分を取り除いたものです。これが、名目と実質の意味の違いです。

デフレーターとは、物価変動分の影響を除いて、実質の動きを見るために用いられる指標です。名目がいくら大きくても同時に物価が上昇していれば、経済活動が高まったとは必ずしも言えません。経済活動の変化を測るには、物価の変動による影響を取り除いた実質をもって測ることが重要です。この名目と実質の差額を調整する値がデフレーターです。

そこで、右に掲げた式になります。

この式からわかることは、「目安として言うなら、名目成長率が４％程度ないとインフレ率が２％に達することはない」ということです。

コロナ禍対策のために、2020年は100兆円規模の補正予算が組まれましたが、これは異例な事態への対応です。したがって、ここでは一つの目安としてコロナ禍以前の状況を想定しつつ、デフレ脱却のためにどれくらいの補正予算が必要となるのかを考えてみましょう。

コロナ禍以前の数年間の補正予算の水準は3〜4兆円程度でした。これをあと11〜12兆円拡大し、15兆円程度の補正予算を組むとします。

すると（過去のデータの傾向を踏まえて推計すると、名目GDPが、その15兆円の1・5倍前後になると想定されるので）名目GDPは約22〜24兆円程度拡大すると見込まれます。

したがって、名目成長率は4％超の水準にまで上昇すると予想されることになります。

総務省が毎月発表する「消費者が購入する各種の消費やサービスの小売価格の変動を調査・算出した経済指標」を「消費者物価指数」（Consumer Price Index、CPI）と言います。

そして、いくつかある消費者物価指数のうち、「総合」から「食料（酒類を除く）およびエネルギー」を除いた指数のことを「コアコアCPI」と言います。なぜ除くのかというと、「食料（酒類を除く）およびエネルギー」は天候や市況など外的要因に左右されやすいからです。つまり、物価の核心のところがわかる指標がコアコアCPIです。

名目成長率が4%超の水準にまで上昇すると（同じく過去のデータの傾向を踏まえると）、このコアコアCPIが1・6～1・7%程度上昇することが予想されることになります。これは、2%に近い数字です。

ただし、こうした対策を行って物価が上昇したとしても、賃金が十分に上昇しない限りダメです。その場合には、翌年もまた同程度の補正予算の支出が求められることになります。

結論として、「15兆円の補正予算を2～3カ年行えばデフレを脱却し、それ以上はデフレ脱却のための補正予算を執行する必要はなくなるだろう」ということになります。

とはいえ、GDPには貿易の輸出入の差し引きが含まれますから、世界経済の動向がかなり影響します。米中の経済戦争や、EU離脱によるイギリスの動向など、世界経済が不透明になれば、貿易は縮小する可能性があります。それを踏まえた場合には、さらに多くの補正予算が必要になります。

そしてまた、10%に引き上げられた消費税による激しいデフレ圧力の問題があります。これらが影響して、15兆円の補正予算を計上したとしても、名目成長率は下落し続ける可能性があります。

２％程度の物価上昇率目標を達成するためには、現実的には、15〜20兆円以上の支出を５〜６年程度継続して行うことが必要でしょう（ただし、以上の想定は、「コロナ禍がない場合」でのものですから、コロナ禍で激しく経済が傷ついている今日の状況では、そのダメージ対策も含めなければなりません。したがって、この令和３年、４年においては、ここで述べた水準よりもさらに大きな規模の対策が必要となる、という点を改めて強調しておきたいと思います）。

日本は今、できることが山積み状態ってホント？

先に「ワイズ・スペンディング」（かしこい支出）について触れました。多くの国家は、国家運営の最重要項目のひとつとして毎年の予算審議に膨大な時間と労力をかけます。それは、各国ともに「ワイズ・スペンディング」ということをいかに重視しているかを示しています。ワイズ・スペンディングはいわば「質的な財政規律」であり、ＭＭＴもこの考え方をとっています。

日本は20年間以上にわたるデフレに苛《さいな》まれ、かつ、激しい緊縮財政という足枷をはめられ、政府においても民間においても「投資」というものが停止し続けています。言い方を変えれば、今の日本は、なすべき投資、ワイズ・スペンディングに基づいて進められるべき計画が山積みの状態です。

具体的に、どんなことが積まれたままになっているのでしょうか。8つあげます。

1つめは「介護・医療供給量の強化」です。

高齢化は年々加速し、医療需要、介護需要は急速に拡大しています。拡大は今後も続くでしょう。

しかしながら、今、賃金が十分な水準になく、人手不足が深刻化しています。医療・介護に関わる労働者の賃金水準の適正な確保は急務です。それにともなうかたちで、施設や機材などの関連投資項目が多岐にわたって残されています。

2つめは「食料自給率の確保」です。

日本は先進諸国の中でもとりわけ食料自給率の低い国です。

食料自給率の低さは、食料安全保障上のリスクを高めます。食料は、生命維持はもちろんのこと、健康で幸福な生活の基礎です。有事の際にもすべての国民が、良質な食料を合理的な価格で入手できるようにしておくことは国の基本的な責務でもあります。

また、食料自給率の低さは、国民所得が常に海外流出し続けているという状況を生んでいます。

食料自給率の低さは、農業生産力の国際競争力の低さを反映したものです。そしてその背景には、農業に対する公的支出が日本においてはとりわけ低いという現状があります。

日本の農産品の価格を引き下げ、国際競争力を確保し、食料自給率を向上させていく必要があります。

つまり、農業への雇用ならびに賃金保障、生産性に関わる公的資金の投入がきわめて重要である、ということです。

3つめは「資源・エネルギー自給率の向上と輸入価格の引き下げ」です。

日本は、資源・エネルギーの輸入依存度の高い国です。資源・エネルギーの自給率の向上ならびに輸入価格の引き下げは、国民所得の海外流出を縮減します。輸入は、GDPにおいてはマイナス計上される項目です。

また、資源・エネルギー自給率の向上と輸入価格の引き下げは、コストプッシュ・インフレ、つまり悪性インフレ圧力の緩和のためにとても重要です。

自給率の向上のためには、国内資源開発への投資が必要です。輸入価格を引き下げるためには、港湾やパイプラインへの投資が必要です。そして、こうした産業における雇用を一定保障していく取り組み、つまり、「就労・賃金保証」プログラムといった取り組みが必要になります。

4つめは「物流・輸入コストの縮減」です。

先進諸外国においては、道路網や鉄道網、パイプライン網、港湾設備の設備水準を向上させ続けています。日本ではそうした設備に対しての投資が十分に進んでおらず、実は先進諸国の中では最低の水準です。

こうした設備のことを「インフラ」（インフラストラクチャー、Infrastructure）と言いますが、インフラ水準の相対的劣化は、物流・輸入のコストを高止まりさせる原因ともなっています。つまり、コストプッシュ・インフレの一因となり、労働者の賃金上昇につながらない、悪性インフレ圧力となっているわけです。

デフレ脱却に続く良性インフレによる安定的な経済成長のためには、こうした物流・輸入コストを引き下げる基礎インフラ投資は急務となっています。そして、またそこには、こうした産業に従事する雇用において、一定水準の賃金を保証する仕組みへの取り組みが必要です。

5つめは「防災・強靭《きょうじん》化」です。

雨季になると数十人、数百人の死傷者を出す水害・土砂災害が連発する状況がここ数年、続いています。また、首都直下地震、南海トラフ地震をはじめとする超巨大災害のリスクが高まりつつあります。

こうした災害における被害対策への投資は、リスクを見込んだ上での長期的成長、つまり国民所得の維持を確保するために不可欠です。

これはまさに「長期的」な視野が必要な分野です。長期的な視野に基づいて防災・強靭化投資計画を策定し、可及的速やかに計画に基づいた投資を推進していくことが必要です。経済的状況とは、無関係に行わなければいけない投資であるということもできるでしょう。

同時に、そうした投資や防災対策のオペレーションには、必要な雇用の確保と保障の仕組みが必要です。

6つめは「地方活性化」です。

デフレ不況のあおりを最も受けてしまっているのは、実は「地方」です。産業が衰退し、雇用機会は縮小し、所得も人口も減少し続けています。

このままでは、数百年、千年、二千年と続いてきた日本各地の歴史、伝統が失われてしまうでしょう。

地方の継続をどれだけ重要視するかについては、価値観の違いからさまざまな意見があります。つまり、失われるのなら失われてもいいと考える、そういう意見を持つ人もいます。ただし、一般的な先進国においては、長い歴史のある都市や地方文化の保存は、きわめて高い価値を持つこととされています。人命の尊重にまさるとも劣らない、優先事項であると認識されているほどです。

日本は大変歴史の深い国です。そうした先進国の認識は、日本にもまたあってしかるべきでしょう。

地方活性化のための就労機会の確保や賃金の確保は、きわめて優先順位の高い政府支出事項です。同時に、就労機会の確保や賃金の確保につながる、新幹線・高速道路整備などの既存インフラの維持更新などの基礎投資も重要事項です。

7つめは「科学技術力の強化」です。

日本の科学技術力は今、急速に低下し続けています。デフレ不況にともなう、科学技術に対する公的投資の縮減が、その主な原因です。

高い科学技術力が必要なのは、それが長期的な成長力の源泉だからです。科学技術力強化のための人材確保、就労機会の増強、基礎的な科学技術投資は、長期的な国益確保の視点からきわめて重要です。

8つめは「防衛力の強化」です。

防衛力の強化が必要なのは、なぜでしょうか。国を守るということは、国民の生命はもちろん、経済と社会を守るということです。そして、経済と社会の発展基盤である安全保障、外交力、国家としての独立性を強化するものが防衛力の強化ということに他なりません。

とりわけ中国の脅威が年々拡大しつつあります。北朝鮮はあいかわらず、いつ何時、有事の危機を迎えるかわからない状況にあります。
持続的な日本の発展を期するために、長期的な展望に基づく防衛力増強のための投資、ならびに優秀な自衛官の確保と育成は必須です。

以上、見てきたように、日本は今、「ワイズ・スペンディング」のネタに事欠かない状況です。財務省以外のあらゆる省庁において、日本のために本来ならばやらねばならないのに、緊縮財政＝プライマリー・バランス黒字化目標のためにまったく行われていない行政が、山のように存在しているのです。

この状況はまた、デフレ脱却のための内需拡大を怠ったという側面からも、さまざまに必要な投資プロジェクトの推進を怠ったという側面からも、日本は20年以上にわたる「不作為の罪」、つまりなにもしないことで禍《わざわい》を生んでしまう罪を重ね続けてきていることの証《あかし》だということができるでしょう。

財務省の目標は「豊かな日本ではない」ってホント？

日本は20年以上にわたる「不作為の罪」を重ねてきました。プライマリー・バランス黒字化目標のもとで財政赤字の縮減を金科玉条のものとして緊縮財政を続け、政府支出をケチり、貨幣循環量をしぼり続けてデフレを加速し続けてきました。

政府支出を増やして財政赤字を拡大すること、つまり貨幣循環量を増やすことがデフレ脱却には不可欠です。

しかし、そうすることなく、政府も、そして多くの政治家や経済学者を含むインテリたち、マスコミの人々も、「日本には大量の借金があって、このままなら破綻する」と言い続けてきました。

財務省のウェブサイトには、「日本の財政を家計に例えると、借金はいくら？」という頁があります。その頁で、財務省は次のように説明しています。

《平成27年度の一般会計予算を基にして、日本の財政を月々の家計に例えてみます。

仮に、月収50万円の家計に例えると、月収は50万円ですが、ひと月の生活費として、80万円を使っていることになります。

そこで、不足分の30万円を、借金で補い家計を成り立たせています。

こうした借金が累積して、8、400万円のローン残高を抱えていることになります。》

2020年にコロナ禍が起き、100兆円規模の補正予算が組まれました。そうした流れをとって、2021年8月、「国の借金は過去最大の1220兆円、国民一人当たり992万円になる」という報道を各マスコミが一斉に流しました。

あらためて整理しましょう。「国の借金」という表現は間違いです。正しくは「政府の借金」です。「国の借金」という表現は、あたかも私たち国民が借りているような錯覚を起こさせます。これは完全な間違いです。

「国」のなかには、いろいろな主体があります。個人つまり私たち国民もいれば、法人つまり会社もあります。それらとは、まったく別の存在として「日本政府」というものがあります。

マスコミなどがこぞって使う「国の借金」とは、国でも国民でもなく、「日本政府の借金」です。

日本銀行は毎年、国内の金融機関、法人、家計といった各経済主体の金融資産・負債の残高や増減などを預金や貸出といった金融商品ごとに記録した統計「資金循環統計」を発表しますが、そこに書かれている表現は「政府の負債」です。「政府」が借りているのが「政府の負債」であって、「国の借金」でも「日本の借金」でもなく、ましてや「国民の借金」ではありません。

そして、すでにお話しした通り、日本政府が日本円の借金で破綻することはありません。財務省もそれは認識しており、「日本政府が日本円の借金で破綻することはない」ということを公式に書面で述べています。財務省のウェブサイトにも掲載されています。

破綻しないのであれば、国民の幸福ということを財政規律とし、国債の発行という借金を通して、つまり財政赤字を拡大させることで民間に資金供給を行って、デフレ脱却を急ぐべきだというのがMMTの主張のひとつです。

しかし、今のところ、政府はそうしません。財務省は「日本政府が日本円の借金で破綻することはない」ということを知っていながら、あいかわらず、国民一人当たり992万円の借金を抱えている日本といった論調を変えず、国民を脅し続けています。

これは、いったいどうしたわけなのでしょうか。

財務省は小泉純一郎政権（2001〜06年）の頃から、「政府の負債」を減らすことになによりも血道を上げてきました。なぜなら財務省は、政府というひとつの組織の金庫番だからです。

財務省は、言ってしまえば政府という会社の経理部です。財務省が考えているのは、日本国家「全体」のことではありません。自分が働く「政府」という組織の財布のことだけを考えているのが、財務省です。

財務省の官僚たちは自分の組織のことだけを考え、国民や国全体のことなどはなにも考えていません。自分の組織、つまり政府の財政の赤字解消だけを目標とします。

だから彼等の目標は、「豊かな日本」への貢献ではないのです。ここが、財務省が他の省庁と根本的に異なるところなのです。

農水省にせよ国交省にせよ経産省にせよ防衛省にせよ、それぞれの行政、すなわち、農業やインフラや産業活性化や国防を通して、究極的には「豊かな日本」への貢献のためのものと定義しうるのです。ところが「金庫番」である財務省は、豊かな日本を犠牲にしてまでも、金庫の内側のオカネを守ることだけを唯一の「目標」としてしまうのです。

その目標の遂行を円滑に進めるために、財務省は、新聞や通信社、テレビ局の記者たちが常駐する財務省内の記者クラブ「財政研究会」を通じて記者に資料を配ってレクチャーし、プロパガンダ、つまり政治的な意図を持つ宣伝工作を行います。政府の負債を「国の借金」と呼ばせて国民感情をあおるのは、その代表的な例です。

さらには、そうした記者たちは、財務省のレクチャーを疑うどころか、新聞によっては政府の負債をわざわざ日本の人口で割って、「国の借金1220兆円、国民一人当たり992万円！」と見出しをつけ、「日本は借金まみれで財政破綻する」などと書き立てます。大半の政治家や経済学者も、口をそろえて「このまま借金が膨らむと日本は破綻する」と主張してきました。ウソとは「真実ではないことを言うこと」です。辞書にはそう書いてあります。つまり、日本は借金まみれで財政破綻する、と言っている人たちは皆ウソつきです。

なぜそのようなウソがはびこっているのでしょうか。

一言で言えば、財務省が天下をとっているからです。国会が持っているはずの予算決定権を、実際的に今、財務省が握っているからです。

大雑把に言いますが、「財政＝政治」です。オカネをどうやって集めるか、集めたオカネをどう使うか、それが政治である、という側面があります。したがって、財政を抑えられると政治家はやりたいことがなにもできなくなるのです。

しかも、財務官僚は自分たちの主張を国会議員に繰り返し「ご説明」に上がります。国会議員の先生たちはさまざまに忙しく、実は、自前で勉強する時間などほとんどありません。たいていは財務省の「ご説明」をごもっともとしたまま、言いなりです。

さらに、財務省は自分たちに都合のいいことを唱える経済学者を集め、権威を借りて世論づくりに励みます。学会においても、それら財務省のお先棒をかつぐ「御用学者」の論が通説となります。

今の日本には、そういう政治家の発言や学者たちの論説、記者たちの報道であふれているのです。

国民の多くが「どうにかして借金を減らさないと日本はメチャクチャになる。将来世代にツケを回してはいけない。消費増税も仕方がない」と思い込んでしまうのも無理はないと言えるでしょう。

その結果として、財務省の「増税路線」に抵抗することができなくなってしまう。財務省によって意図的につくり上げられた「財政破綻論」に、多くの国民がまんまとだまされているわけです。

こうしたことが、財政赤字を拡大させることで民間に資金供給を行ってデフレ脱却を急ぐべきだという主張が、今のところは主流とはなっていない大きな理由のひとつです。

第五章　ＭＭＴってどう使えばいいの？

MMTは実践的？ それとも空論？

あらためて、MMTはどのような理論でなにを目標としているか、わかりやすくまとめておきましょう。本書をここまでお読みの方は、かなりすっきりと理解していただけることと思います。

まず、MMTとは、次のような経済理論です。

《国債発行に基づく政府支出がインフレ率に影響するという事実を踏まえつつ、「税収」ではなく「インフレ率」に基づいて財政支出を調整すべきだという新たな財政規律を主張する理論》

そして、次の3点を主張します。

1．政府は、自国通貨建ての借金で破綻することなど考えられないのだから、借金したくないという思いにとらわれて政府支出を抑制するのはナンセンスである。

だから、政府の支出は、借金をどの程度以下に抑えるかということを基準にしてはならない。なにか別の、国民の幸福に資する〝基準〟が必要である。

2．経済が停滞しており成長が必要とされている場合、政府は財政赤字を拡大することを通して、その目的を達成することができる。

逆に言うなら、政府支出（あるいは財政赤字）の〝下限基準〟は、（金融政策を行ってもなお）経済が停滞してしまう程度の政府支出量である。

3．政府支出（あるいは財政赤字）を、その国の供給量を超えて拡大し続ければ、過剰なインフレになる。

したがって、政府支出（あるいは財政赤字）の〝上限基準〟は、（金融政策を一定程度行ってもなお）過剰インフレになってしまう程度の政府支出量である。

より具体的な〝下限基準〟と〝上限基準〟は、これまでのインフレ率の実績を踏まえて、〝下限基準〟はインフレ率2％程度、〝上限基準〟は4％程度となる財政支出（財政赤字）

量だと実務的に想定することができます。
式にすると次のようになります。

政府支出の「下限値」＜　政府の支出額　＜　政府支出の「上限値」

下限値とは、デフレになってしまう程度に「少ない」政府支出額のことです。上限値とは、望ましくないインフレになってしまう程度に「多い」政府支出額のことです。

これが、ＭＭＴの考え方から導き出される政府支出の「制約式」です。制約のことを規律といい、右の式で表される制約が、ＭＭＴが考える「財政規律」です。

ところが、今の政府はこういう上限と下限を想定した上で財政額を調整しようとする「財政規律」ではなく、ただひたすらに支出をカットしていこうとする「プライマリー・バランス黒字化目標」という「財政規律」を採用してしまっているわけです。

この財政規律の下では、税収が少ない場合には、政府支出が、右の式の〝政府支出の「下限値」〟を下回ってしまうことになってしまいます。そして、これこそが長期間にわたって日本を苦しめているデフレの根本原因です。

MMTは、いくらでも好きなだけオカネを刷ればいいというようなトンデモ理論ではありません。

政府・中央銀行の財政政策（オカネを使う）は、金融政策（オカネを貸す）と一体的に推進することが必要である。したがって財政規律は、「政府支出（財政赤字）は金融政策を行ってもなお過剰インフレで不況に陥ってしまう危機を避ける程度の水準以内に収めるべきである」ということになる。この、いたって抑制的な考え方こそがMMTです。

MMTは、伝統的な経済理論を継承している、理性的・実践的な経済理論です。

次の項からはMMTに基づいた政策というものを見ていくことにしましょう。

現実を見据え、多面的に配慮することを念頭において展開されていくMMTの実践的な側面、つまりMMTの理論は実際にどう使われるのか？　というお話です。

とにかくインフレになればいいの？

財政は、「国民の幸福に資する〝基準〟」を想定して調整されるべきものです。その最も基本的な〝基準〟としてインフレ率がある、というお話はすでにしました。

適正な水準はインフレ率2％から3％程度です。しかし、その水準にあったとしても、失業者が多かったり賃金が上昇していかないような状況であれば、国民は必ずしも幸福ではありません。

もうひとつ、その背後に「金利」という問題があります。

インフレ率よりも金利のほうが高ければ、結局、遅かれ早かれ資金は金融市場に流入して、賃金は下がり、インフレ率が低減していくことになるのです。

ですから、着目しなければならないのはインフレ率だけではありません。

とにかくインフレ率が上がれば万事良し、というものではなく、インフレ率を上げる対策をとりながら、「金利が過剰に高騰しない」ように注意し、「失業率を限りなく低く抑え」、「賃金が安定的に上昇していく」という状況を目指すことが必要です。

政府は、財政政策だけでなく、金利の調整、失業率の調整、賃金の適切な水準への調整のために、あらゆる手段をとらなければならない、ということです。

こうした前提のMMTに基づく議論では「インフレ率」に加えて、「失業率と賃金の問題」そして「金利の問題」がとりわけ重視しなければいけない2大テーマとして扱われることがしばしばです。

まずは、MMT論者の多くが強調する「就労・賃金保証」プログラム（Job Guarantee

Program、ＪＧＰ）についてお話ししましょう。

これは、柔軟な財政政策を前提とするもので、「完全雇用」とともに「政府が望ましいと考える水準の最低賃金」を実現することを目指す政策プログラムです。

完全雇用は確保できるの？

この「就労・賃金保証」プログラム（ＪＧＰ）では、政府が「最後の雇い手」（Employer of Last Result、ＥＬＲ）としての役割を担います。つまり、民間では誰も雇ってくれないという人々「全員」を、政府が直接的あるいは間接的に雇いあげるわけです。これを通して「完全雇用」の状態を目指します（もちろん、働く意志を根本的に持たない人、ならびに、体調等の理由で働くことが物理的に不可能な人は、ＪＧＰの対象外となります）。

そしてその際の賃金は、政府が別途定めた「最低賃金」の水準です。賃金をそれよりも低い水準にすることを避けると同時に、それより「高い」水準で雇いあげることを回避し、あくまでも、「最低賃金」で雇いあげる、という点がポイントになります。

こうしておけば、（働く気がある国民）全員が働ける「完全雇用」が実現することになるのは当然として、最低賃金が実際に達成されることになります。なぜなら、最低賃金以下の水準で働いている人々は、より高い賃金を求めて、政府が保証する最低賃金で働き始めることが可能となるからです。

言うまでもなく、こうした政策を実現するには、十分な財源が必要であり、逆に言うなら不十分な財源しかなければ、ＪＧＰは絶対に実現できません。

だから、この政策は、「政府は借金を増やすと破綻する」と信じている人は、絶対に採用することはないでしょう。しかしＭＭＴが描写する現代貨幣の仕組みを理解し、政府の財政破綻はないという事実を認識しているのなら、ＪＧＰは完全雇用と最低賃金を同時に実現できるものとして、躊躇《ちゅうちょ》なく採択可能となるわけです。

さて、ここで知っておいていただきたいことは、「就労・賃金保証」プログラム（ＪＧＰ）は必ずしも昨日や今日提案されたような「完全に新しい政策」では、決してないという点です。

たとえば1929年の世界大恐慌の際にアメリカが行ったニューディール政策は、「就労・賃金保証」プログラムの一種として位置づけられます。

ニューディール政策では、大規模な治水事業や道路事業をはじめとする公共事業を展開して、１３００万人という雇用を生み出しました。

ちなみに私は、２０１２年から２０１８年まで、第二次安倍政権において内閣官房参与を務めていましたが、そのときの役職名が「ニューディール政策担当」でした。

つまり、アベノミクスと呼ばれる政策には、ニューディール政策の理念が一部導入されていたわけです。

ただし、第二次安倍政権は積極的な国債発行を回避するとともに、むしろ国債発行額を圧縮し続けましたから、実際には、アメリカのニューディール政策における「就労・賃金保証」プログラムという側面は、残念ながらなかったというのが実態でした。

また、「就労・賃金保証」プログラムを実施している例としては、福祉国家として有名なスウェーデンの例があげられます。そもそもスウェーデンは就業者全体に占める公務員（公的機関で働いている人）の割合は、実に46％と約半数の水準に達しています。日本におけるその割合は、わずか11％と、スウェーデンの４分の１でしかありません。この公務員の多さ自体が、スウェーデン政府がＪＧＰ的要素を持っていることを指していると言えるでしょう。

ＭＭＴを一躍有名にした、アメリカのオカシオ＝コルテス議員は、２０１９年の１月上旬、ビジネス専門のニュースサイト「Business Insider」のインタビューに、「政府支出の赤字は良いことであり、グリーン・ニューディール（自然エネルギーや地球温暖化対策への公共投資政策）を実現させるためにはMMTの考え方を主要議論にする必要がある」と主張しています。

このオカシオ＝コルテス議員が言うグリーン・ニューディールとは、アメリカの環境改善を目指した公共事業を大規模に展開しようとするものです。その事業における労働者の確保において彼女が想定していたのは、もちろん「就労・賃金保証」プログラムでした。

ブラック企業を減らす効果もあるの？

さて、「就労・賃金保証」プログラムは、政府が想定する「最低賃金」に設定することによって、その「最低賃金」以下の賃金で就労している労働者を、政府がつくった雇用機会が吸収していくものだ、と解説しました。これはつまり、「ブラック企業」を減らしていく効果を持つ、ということを意味しています。

なぜなら、政府が設定する「最低賃金」以下の安い賃金で人々を働かせる企業は、いわゆるブラック企業と言わざるを得ないからです。政府が想定する最低賃金で働ける仕事を政府がつくり出すことで、ブラック企業で働いている人々の転職を促進することができる、ということです。

したがって、「就労・賃金保証」プログラムによって、ブラック企業は徐々に働き手を失い、働き手を確保できずに倒産していくか、または労働賃金を上げて「脱ブラック化」せざるを得なくなるでしょう。

とはいえ、働く、ということにはさまざまな事情と制約がありますから、すべての低賃金労働者の転職を促すことは難しいはずです。ブラック企業の根絶は困難かもしれませんが、少なくとも、ブラック企業的な経営を続けることのできる雇用先は確実に減っていくでしょう。

ここでひとつ確認しておきたいのは、「就労・賃金保証」プログラムにおいては、その賃金を「最低賃金」以上には設定しないことが一般的だ、ということです。

高い賃金を設定しまえば、その仕事への転職が誘発されて、実質上、その高い賃金が「最低賃金」にならざるを得なくなってしまうからです。すると、経営が苦しくなってしまう中小企業の増加を誘発してしまうのです。

「就労・賃金保証」プログラムの財源はどうするの？

「就労・賃金保証」プログラムを議論するとき、必ず出る批判が、「素晴らしい話だが、そんなことを政府が行うとすれば、メチャクチャにオカネがかかり、結局は赤字が膨らんで借金まみれになってしまうじゃないか」というものです。

繰り返しお話ししているように、政府が赤字を拡大させたからといって政府が破綻することはありえません。したがって、「就労・賃金保証」プログラムを進め、そのために政府支出が拡大したからといって政府が破綻することはありません。

政府は破綻に怯えることなく、国民の幸福のために、さらに質の高い「就労・賃金保証」プログラムを展開していけばいいのです。ということはつまり、この「就労・賃金保証」プログラムは、ＭＭＴの考え方があってはじめて実務的な実現を提案できる政策である、ということです。

ひとつ、注意しておきたいのは、「就労・賃金保証」プログラムはインフレ圧力をもたらす可能性がある、ということです。「就労・賃金保証」プログラムが進んだ結果として、国民や企業が十分すぎるほど「お金持ち」になってしまう可能性があるのです。

「お金持ち」が増えると消費や投資が伸びます。消費や投資が、その国の持つ供給能力や生産能力を超えてしまうと物価が異常に上がり、過剰インフレになってしまうわけです。「就労・賃金保証」プログラムは政府支出の拡大をともないますから、必然的にインフレ圧力をもたらします。

そして、この「就労・賃金保証」プログラムのインフレ圧力は、今の日本、デフレ状況にある日本にとっては有効です。

多くの人々が失業していたり、ブラック企業がはびこっていたり、最低賃金以下で働かざるをえないような人々が多く存在する状況では、「就労・賃金保証」プログラムが発動され、政府支出の拡大と賃金上昇を通してインフレ圧力がかかることはデフレ脱却にきわめて有効です。

インフレになったら「就労・賃金保証」プログラムは終わりになるの?

さて、失業が増え、賃金が下がるという状況は、デフレでのみ起こるものではありません。

1970年代の原油価格の高騰によるオイルショックがその代表的なものですが、資源やエネルギー価格の高騰や急激な消費増税などの「外生的な原因」によってインフレがムリヤリかつ急激に進めば、人々の賃金が上昇しないままに物価が上がります。つまり、額面はどうあれ、実質的に賃金が下落します。

そのような状況下では、同時に、企業における「実質的な売上」が急激に下落します。その結果として失業者が増え、失業率が上がります。給料や売上が変わらないのに、物価が高くなって、生活や経営が苦しくなるということです。

この現象を「スタグフレーション」と言います。スタグネーション（stagnation、経済停滞）とインフレーションの合成語です。物価が上昇していくインフレであるにもかかわらず、失業者が増加し、実質的な賃金が下落していく状態です。

失業者が増加し、実質的な賃金が下落していくという状態なのですから、実はこの場合でも「就労・賃金保証」プログラムは有効です。「就労・賃金保証」プログラムによって失業を縮小し、最低限の実質賃金を確保できます。

ただし、この場合、インフレ下で財政支出を拡大するということになるわけです。結果として、インフレがさらに加速するリスクをともないます。

ところが、やはり「就労・賃金保証」プログラムによって導かれるさらなるインフレは、国民の幸福を毀損するよりむしろ幸福に資するものとなるのです。

なぜなら、「就労・賃金保証」プログラムで支給される政府支出は、すべて「賃金」に反映されるからです。

そもそもインフレには「良性インフレ」と「悪性インフレ」があります。良性インフレとは、（実質上の）賃金が上がることにつながる物価上昇で、悪性インフレはその逆に（実質上の）賃金上昇につながらない（むしろ実質賃金を引き下げる！）インフレです。

つまり良性インフレは人々を豊かにするインフレで、悪性インフレは人々を貧しくするインフレなのです。だから、石油の高騰や消費増税などが導く悪性インフレは抑圧しなければならない一方で、良性インフレはむしろ加速すべきものなのです。

そして、（賃金が低い労働者が多い状況下での）「就労・賃金保証」プログラムの導入は確実に賃金上昇をもたらすのですから、それで進むインフレは良性インフレであり、加速すべきなのです。言い換えるなら、「就労・賃金保証」プログラムには、「悪性インフレ」の側面を縮小させていき、「良性インフレ」の側面を拡大させていく効果があるのです。

なお、「就労・賃金保証」プログラムは、デフレを脱却する効果を持つのみならず、インフレが過剰に進行することを抑止する効果もまた持っています。すなわち、それはインフレ率が過剰に拡大したり、下落することを回避し、インフレ率を自動的に「安定化」させる機能を持つのです。

なぜなら、インフレであろうがデフレであろうが「最低賃金」で働く人々が一定程度存在する状況をつくり出すからなのですが、これには少し説明が必要でしょう。

まず、「就労・賃金保証」プログラムは、デフレの状況ではデフレ圧力を緩和する機能を持ちます。そういう状況では失業者が多く、最低賃金以下で働く労働者も多いので、政府が提供する雇用機会に大量の国民が流入し、政府は大量の資金を支払うことになります。この大量の資金供給が、デフレ圧力を低下させるのです。

一方、インフレ状況下で「就労・賃金保証」プログラムを続けるとどうなるでしょうか。そもそもインフレ状況では、労働者の賃金が上昇していきます。したがって、政府が設定した最低賃金よりも高い賃金を支払う企業が大量に存在することになります。

そんな中で「就労・賃金保証」プログラムを採用していれば、政府という「最低賃金しか払わない雇用主」が存在し続けることになります。そして、そういう「最低賃金しか払わない雇用主」が存在し続けるということそれ自身が、賃金上昇競争を緩和し、インフレが過熱していくことを抑止するわけです。

つまり、インフレであろうがデフレであろうが、かたくなに同じ賃金しか払わない政府という雇用主が存在する、ということが「就労・賃金保証」プログラムの本質です。

それによって、景気の良し悪しで賃金が急落したり急騰したりすることがなくなり、賃金の変動が「安定化」し、それを通してインフレ率の変動が安定化します。

こういう機能は一般に、「ビルト・イン・スタビライザー」（自動安定化装置）機能と呼ばれます。後に述べる、所得税や法人税という仕組みと同様、MMTにおいて重視される政策になっています。

日銀の金融政策でインフレ率はコントロールできるの？

MMTにはいろいろな要素や側面がありますが、その中でも実践政策的に最も重要なポイントは、「政府は、その国の経済のインフレ率が適正な水準に収まり、安定的に成長していくことを目標にすべきだ」ということを合意している点です。

前述のJGP（「就労・賃金保証」プログラム）を導入するのも、そうした政府目標があるからこそ導入されるべきだと主張されるわけですし、デフレのときに政府支出を拡大すべきだという話もそんな政府目標があるから主張されるわけです。

そして、この「インフレ率」というものは、「金利」にも影響を受けるものでもあります。そして「金利」というものは、日銀（日本銀行）の金融政策によって制御できるものでもあります。したがって、日銀の金融政策によっても、インフレ率は影響を受けることにもなります。

とはいえ、日銀の金融政策には限界があり、金融政策だけでインフレ率を完全にコントロールすることは不可能です。

簡単に解説しましょう。

まず、金利が高ければ、人々がオカネを市場で使わずに、銀行に預けたり人に貸し出したりする傾向が高まります。そうするだけで、オカネを効率的に増やしていくことが可能となるからです。

その結果、市場で出回るオカネの量が減ります。そして、インフレ圧力が低減します。

一方、金利が低ければ、今度は逆に、銀行に預けたり貸し出してもさして儲からないので、人々が市場でオカネを使う傾向が高まっていきます。

そして、日銀は、民間銀行に貸し出す際の金利を調整したり、貸出金を増やしたり減らしたりすることを通して（こういう取り組みは一般に金融政策と呼ばれます）、金利を調整することができるのです。

とはいえ、金利は通常ゼロ以下にはできませんから、金利を引き下げるといってもそこが限界となります。あるいは、金利をあまりに高くすると、金利払いが過剰に拡大し、かえって市場にオカネが逆流してしまうという現象も起きかねません。

したがって日銀がそれ以上に金利を引き上げることが得策ではないということになりますから、それが実質上、金利の上限となります。

つまり、日銀の金融政策には、インフレ率に対する一定の影響はあるのですが、こうした限界があり、インフレ率が低すぎる局面（つまりデフレ）や高すぎる局面（つまり過剰インフレ）では、金利が調整可能な範囲を逸脱し、金融政策でインフレ率を適正化していくことが事実上できなくなるのです。

しかも、金利というものは物価が上がれば自ずと上がり、物価が下がれば自ずと下がるものでもあります。物価が上がっていく局面では、皆が投資を拡大し、銀行からたくさんのオカネを借りようとするようになります。その結果、金利は上がるのです。

逆に物価が下がっていく局面では、皆が投資を縮小し、銀行からオカネを借りなくなります。その結果、金利は下がるのです。つまり、インフレ期には自ずと金利は上がり、デフレ期には金利は自ずと下がるのです。

一方、インフレを抑止するには、日銀は金利を上げる対策が必要になると言いましたが、インフレ期にはそもそも金利は上がっていくわけですから、その上がっている金利をさらに高める取り組みが必要になる、ということです。

逆にデフレ抑止のためには、自ずと下がってきている金利をさらに引き下げる取り組みが日銀において求められる、ということになります。

そう考えると、日銀の金融政策ができる余地というものはさして大きくないということがわかります。上限と下限がある中で、下がっているものをさらに引き下げる余地や、上がっているものをさらに引き上げる余地は、さして大きくはないからです。

この点を加味すると、金融政策だけでインフレ率をコントロールすることは不可能であるばかりか、必ずしも強力な政策手段とも言い難いと言うこともできるのです。

それにもかかわらず、一部の人々はインフレ率の調整をすべて日銀に任せようとします。が、彼等は、金融政策の有効性を過剰に過大評価しているのです。そんな態度のままでは、デフレは終わらず、過剰なインフレも放置されることになり、国民は巨大な被害を受けることになります。

だから私たちは、金融政策を過剰に信用してしまうのは、巨大被害を招く恐るべき破壊行為だと認識しておくことが必要なのです。

インフレ率を調整する具体的方法はあるの？

では、インフレ率をコントロールするために、政府はいったいなにをすればいいのでしょうか？　ここではその方法について解説しましょう。

まず、インフレ率が「下限値」（2％程度）を下回る過剰なデフレ、またはデフレとは呼ばれないにしろ経済の停滞状況にある場合には、インフレ率を上昇させるための下限規律対策＝デフレ対策が必要です。

一方、インフレ率が「上限値」（4％程度）を上回る過剰なインフレ状態にある場合には、インフレ率の上昇を抑制する上限規律対策＝インフレ対策が必要となります。

この2つを一言でまとめて〝「インフレ率」調整策〟と呼ぶとすれば、次頁の一覧表のようなことが考えられます。

インフレ対策とデフレ対策は多岐にわたるものです。そして、一部は対照的な、逆のか

MMTにおけるインフレ対策とデフレ対策

		「下限規律」対策（デフレ対策）	「上限規律」対策（インフレ対策）
財政金融政策（を通した貨幣循環量調整）	所得税	所得税の累進制の強化	
	法人税	法人税率の増加／および累進制の強化	
	消費税	「インフレ率」に基づく税率調整	
	財政政策	「就労・賃金保障」プログラム（ワイズ・スペンディングに基づく就労計画と実質的な最低賃金の保障）	
		拡大（長期投資計画*の前倒し等）	縮小（長期投資計画*の後ろ倒し等）
	金融政策	緩和	引き締め
市場環境政策（を通した貨幣循環量調整）	構造政策	規制強化（過当競争の抑制）	規制緩和（競争促進）
	貿易政策	保護貿易の推進	自由貿易の促進
	移民政策	縮小	拡大
	悪性インフレ対策	エネルギー・物流コスト等の引き下げ	

*長期投資計画:ワイズ・スペンディングの視点で策定

たちをとる取り組みになっていると同時に、所得税や法人税についての対策など両者に共通する対策もあります。

キーポイントは、これら「インフレ率」調整策のすべてに共通するものがあるということです。それは、「すべて循環するオカネの量（貨幣循環量）を調整する対策である」ということです。

物価は、循環するオカネの量（貨幣循環量）が増えれば上昇します。循環するオカネの量（貨幣循環量）が減れば下落します。

したがって、デフレからの脱却を図るデフレ対策においては、貨幣循環量を拡大しようとします。インフレを抑制するインフレ対策においては、貨幣循環量を抑制しようとします。

つまり、「インフレ率」調整策は、「貨幣循環量」調整策と言い換えることもできます。

そして、「貨幣循環量」調整策には2種類あります。

日銀が証券を売買して金融を調整することをオペレーションと言いますが、政府がオペレーションを通してより直接的に調整を図る「財政金融政策」が1つめ。これには税制も含まれます。

2つめは、環境整備を通して間接的に調整を図る「市場環境政策」です。

したがって、MMTが掲げる「政策」とは、「あらゆる国民の賃金が一定水準以上になることを前提としつつ、財政金融政策と市場環境政策の双方によって、循環するマネー量（貨幣循環量）を安定的に少しずつ拡大させることを通して〝インフレ率〟を適切な水準に整え、国民の暮らしの安定化と国民経済の安定的な成長を目指すこと」です。

そして、MMTが、貨幣循環量を調整しようとするときには最も効果的な対策のひとつである、としているのが「所得税と法人税」です。

なぜ所得税と法人税が貨幣循環量の調整に役立つの？

所得税と法人税が、なぜ貨幣循環量を調整する最も効果的な対策のひとつなのでしょうか。

結論から先に言えば、所得税と法人税は、インフレ傾向が強い場合には支払う税額が増加してインフレを抑制する効果が拡大していき、デフレ傾向が強い場合には支払う税額が縮小してデフレを抑制する効果が拡大していく性格を持つ税金だからです。

まず、所得税について見ていきましょう。日本の所得税には累進性があります。

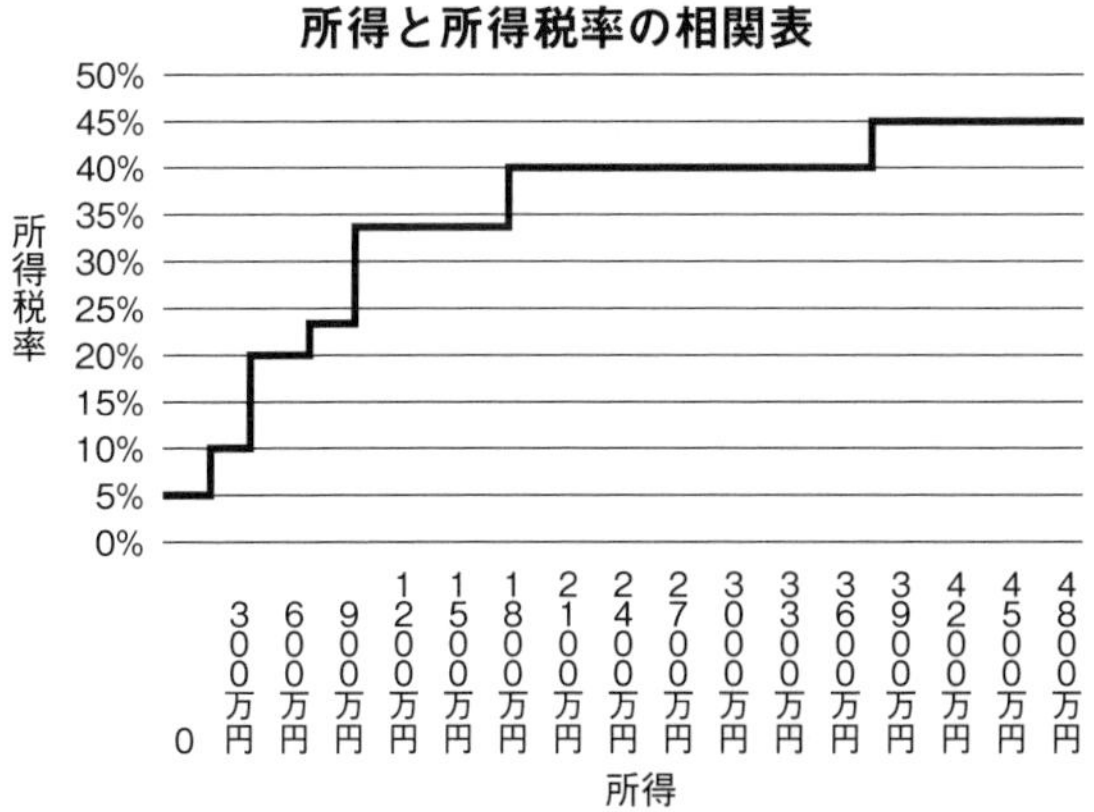

日本では1887年（明治20年）から所得税が導入され、そのときから累進課税が採用されている。国民間の貧富の格差の是正が狙いとされる

累進性とは「所得が高ければ高いほど所得税率が高くなっていく」ということです。

所得が150万円程度の場合には税率は5％ですが、500万円になると税率は20％になります。1000万円なら33％、4000万円以上なら45％。所得が低ければ5％程度である税率は、最大45％まで累進します。

デフレ下では、多くの人の所得が下がります。所得が下がるということは、税率が下がるということです。これは、「自動的に減税される」ということを意味します。

減税は、所得税による所得の下落を緩和します。家計の消費の拡大が見込め、貨幣循環量を拡大させます。

インフレ下では、その逆です。税率が上が

ることによって貨幣循環量の拡大を抑止します。

つまり、累進性のある所得税は、税率が自動的に変わることで、インフレ率の変動を自動的に抑止して安定化させる機能を持っているのです。

この機能は、「就労・賃金保証」プログラムを解説した折にも紹介した「ビルトイン・スタビライザー」（自動安定化装置）と呼ばれるものです。

法人税もまたビルトイン・スタビライザーの機能を持っています。MMTが、所得税と法人税を貨幣循環量の調整に効果的な対策として考えるのはそのためです。

法人税は、売上全体ではなく「利益」に対してかかる税金です。

所得税と同じく、日本の法人税は、景気の動向によって、20％前後から0％まで自動的に変化します。景気が悪くなって赤字経営となっている場合には法人税の支払いは免除されます。デフレ下では、デフレ圧力を自動的に軽減する、ということになります。

貨幣循環量の調整を目指す場合、求められるのは、このビルトイン・スタビライザーの機能の強化です。

高額所得者の税率を引き上げ、低所得者の税率を引き下げる、つまり累進性をさらに拡大しておいたほうがよい、ということです。

法人税についてもまた、低い利益しか上げていない企業の税率は引き下げ、より大きな利益を上げている企業の税率は引き上げておいたほうがよい、ということです。

なぜ日本の消費増税は大失敗だったの?

消費税にはビルトイン・スタビライザーの機能はありません。

たとえば高額の贅沢商品にはより高い税率の消費税がかかる、といったようなことにはなっていません。消費税は、世の中の市場における貨幣の循環そのものに対して徴税する、という税金です。

したがって消費税の依存率が高いと、インフレになればそのインフレは放置され、同じくデフレになれば、そのデフレは放置されることになるのであり、必然的に経済は不安定化するのです。

つまり消費税というものは、過剰なインフレやデフレを回避する上で、不適当な税制なのです。ですからインフレ率のコントロールの観点から言うなら、できるだけビルトイン・スタビライザー機能がある法人税や所得税などの税率を高めておき、消費税は可能な限り低く抑え、可能ならばゼロにしておくことが得策なのです。

ただし、貨幣循環量の拡大が求められるデフレ期では、減税あるいは撤廃。貨幣循環量の抑制が求められるインフレ期では増税するように「政治的」に調整できるのなら、消費税のインフレ制御上のデメリットを相殺することもできます。

つまり消費税は、インフレ率に連動させるかたちで調整できるのなら、（「ビルトイン」つまり埋め込まれた、というわけではありませんが）スタビライザー（安定化装置）となりうるわけです。

消費税がそのように機能した例として、カナダがあります。

カナダでは1990年まで、日本の消費税にあたる「付加価値税」は導入されていませんでした。

1980年代後半にカナダのインフレ率が4％を超えました。

1991年に付加価値税をまず7％で導入したところ、1990年代のカナダのインフレ率は2％を下回る程度の水準に抑制されました。

そして2006年にカナダが景気後退の局面を迎えたとき、付加価値税は同年に6％へ、2008年には5％に引き下げられたのです。

イギリスもまた同様の対策をとっています。

イギリスでは1991年から17・5％の付加価値税を徴収していましたが、サブプライム・ローン危機に際してイギリスは、2008年12月から翌年12月まで税率を15％に引き下げています。

撤廃した国もあります。マレーシアは、4〜5％程度の水準にあったインフレ率が1〜2％程度にまで下落していた2018年に、物品・サービス税を廃止しました。

さらには、2020年からのコロナ禍の中で、世界中の国々が一斉に消費税減税を行っています。

こうした対策は、各国の政府が日本の消費税にあたる付加価値税あるいは物品・サービス税をスタビライザー（安定化装置）として活用したものです。

そして、ここにひとつ、重要なポイントがあります。こうした消費税の税率の調整は政治的プロセスで決定されるものである、ということです。所得税や法人税のように自動的に安定化装置として働くものではありません。

日本は、バブルが崩壊してインフレ率が低迷していた1997年に消費税を3％から5％に増税しました。カナダやイギリス、マレーシアがとった対策とは正反対です。

日本はまた、デフレに苛まれていた2014年に消費税を5％から8％に増税しました。2019年には消費税10％となりました。増税のせいで消費も賃金も低迷し、景気後退局面が続いています。

消費増税という政策は、政治的プロセスで決定されたものですが、この政治決定によって縮小していた貨幣循環量がさらに縮小し、デフレ不況が加速したのです。

日本の例は明らかに失敗例です。消費税の税率を政治的プロセスにまかせておくと、なすべき対策とは逆の政治判断が下されてしまう危険性があることを示しています。

では、どうしたらいいでしょうか。そのひとつの解決策として「消費税率はインフレ率に連動するかたちで調整するという方針を法的に決定しておく」という方法があります。

「インフレ率の2カ年平均が4％を超過すれば消費税を引き上げる」、「インフレ率の2カ年平均が2％を下回れば消費税を引き下げる」といった方針を法的に決定しておくのです。

調整率については、日本の場合、3％、5％、8％、10％という段階を想定しておいて段階的に調整する、といった方法が考えられるでしょう。

そもそも「財政政策」ってなんなの？

新しい制度をつくったり、今ある制度を見直して目的や内容、体制、運用のありかたなどをまとめることを「制度設計」と言います。

所得税や法人税、消費税、そして「就労・賃金保証」プログラムをスタビライザーとして考えて組み立てるといった議論は「制度設計」の話ですが、こうした自動的な安定化装置だけでインフレ率が適正な水準に収まるとは限りません。

インフレ率を適正に調整するためには、長期的な視点をもって適切な制度設計をしたうえで、短期的な視点をもって、つまり状況を見ながら貨幣循環量を調整していくことも必要になります。その一つが、先にも紹介した日銀による「金融政策」ですが、もう一つが「財政政策」です。しばしばこの二つを合わせて「財政金融政策」と呼んだりもします。

財政政策は「政府がオカネを支出する」という政策です。金融政策は「政府がオカネを貸す」という政策です。

財政政策の主体は政府です。金融政策の主体は日銀（日本銀行）です。

ということは、財政政策は「直接的」な調整策である、金融政策は「間接的」な調整策である、ということができます。

そして、先にも詳しく解説したように、金融政策は、インフレ率の調整機能は、極めて限定的です。それは、「間接的」な調整策だからだと言い直すこともできます。

一方で、「直接的」に貨幣循環量を調節可能な「財政政策」は、より直接的に、強力にインフレ率を調整することができます。

財政金融政策は、デフレ状況の場合には貨幣循環量が少ないわけですから「緩和」と呼ばれる対応を行い、インフレ状況の場合は貨幣循環量が多いわけですから「引き締め」と呼ばれる対応を行うのが基本です。

では、財政金融政策とはどのようにして貨幣循環量を調整していく政策なのかを見ていくことにしましょう。

なぜ金融政策でインフレ率が調整できるの？

先ほど金融政策の概要は解説したところですが、ここでは、より詳しく、金融政策によってインフレ率が調整できる、そのメカニズムについてお話をしておきましょう。

これを知っておくと、そもそも経済とはなにか、世の中の仕組みはどうなっているのか

財政政策・金融政策によるインフレ率調整のメカニズム

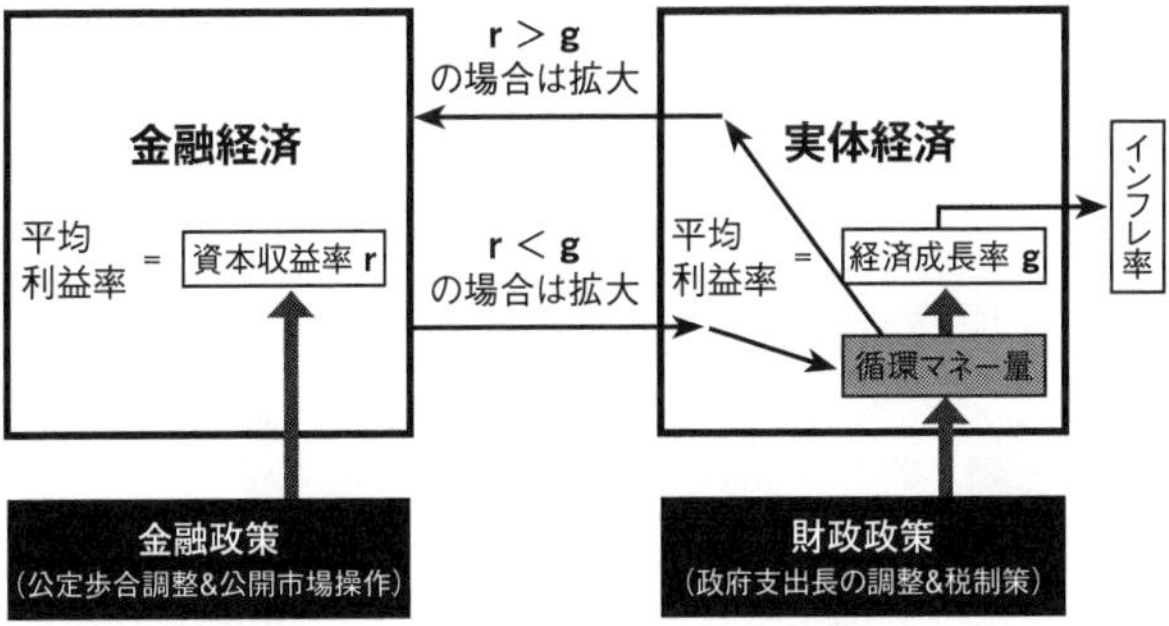

金融経済の資本収益率 r が上がれば貨幣循環量は縮小し、インフレ率は低下。
実体経済の経済成長率 g が上がれば貨幣循環量は拡大し、インフレ率は上昇

ということもわかってくるはずです。

金融政策（ならびに後に述べる財政政策）を通してインフレ率が調整できるメカニズムを図式（上図参照）にしました。

私たちの経済は「金融経済」と「実体経済」とで構成されています。「金融経済」とは金融市場に対応する経済のことです。

「実体経済」とは、財市場（モノが売り買いされる市場）と労働市場（労働力が売り買いされる市場）に対応する経済のことです。

金融市場では、国債や公債、社債、銀行預金などさまざまな金融商品が売買されています。実体経済では実際の財やサービス、そして労働が売買されています。

それぞれの市場にオカネを投下すると利益

を得ることができますが、利息で稼いだり、金融商品を売り買いした差額で稼ぐのが金融経済です。

何％の利益を生み出せるかという割合を「利益率」と言いますが、1年など一定期間の間における利益率を一般的に「資本収益率」と言います。経済学で使う数式では「r」と表記されます。

この「資本収益率」は、金融経済においては「金利に依存」します。そして、その金利は中央銀行つまり日銀の金融政策によって変化します。

一方、さまざまな商品やサービスを売買することを通して利益を得る経済が、実体経済であり、実体経済が展開される市場が実体市場です。この、実体経済の利益率の全体平均値を「経済成長率」と言います。経済学で使う数式では「g」と表記されます。

この「経済成長率」は、「貨幣循環量に依存」します。経済成長率が高ければ一般的にインフレ率は高くなり、低ければインフレ率は下落します。

つまり、貨幣循環量が経済成長率を決定づけ、その経済成長率がインフレ率を決定づけるのです。

重要なことは、「金融経済にどれだけ多くのオカネが存在していたとしても、実際にそことからオカネが引き出され、投資や消費のかたちで使われなければ貨幣循環量は拡大しない」ということです。

金融経済におけるオカネは、引き出され、投資・消費されてはじめて実体経済における「貨幣循環」に供給されるのです。

ここで以上に説明した、経済成長率と資本収益率との関係を知っておきましょう。

まず、経済成長率が資本収益率よりも高ければ高いほど、金融経済から実体経済へのオカネの供給が拡大することになります。その結果、実体市場における貨幣循環量は拡大し、インフレ化していくことになります。

式で示すと「r＜g」であればあるほど、金融経済から実体経済へのオカネの供給は拡大するわけです。

それは当然の話で、オカネを金融経済においておけば資本収益率rの割合で利益が得られ、実体経済においておけば経済成長率gの割合で利益が得られるわけですから、gのほうがrよりも大きければ、実体経済にオカネを注入するほうが儲かるからです。

逆に、「r＞g」の場合、つまり資本収益率が経済成長率よりも大きければ、実体経済に注入するより金融経済にオカネをおいておいたほうが（平均的に）儲かります。その結果、実体経済から金融経済へオカネは注入されることになり、実体市場における貨幣循環量は縮小し、インフレ率は下落していく（＝デフレ化していく）ことになります。

まとめると、次のようになります。

金融経済の資本収益率ｒが上がれば貨幣循環量は縮小し、インフレ率は低下
実体経済の経済成長率ｇが上がれば貨幣循環量は拡大し、インフレ率は上昇

そして、大事なことは、金融経済における資本収益率は金融政策に一定程度依存しているということです。つまり、金融政策で金利を上げればインフレ率は低下し、金融政策で金利を下げればインフレ率は上昇する、ということです。

以上の理論は、きわめてオーソドックスな経済学の理論です。別にＭＭＴが言い出した理論ではありません。

なぜ「財政政策」によって効果的にインフレ率が調整できるの？

ただし、先にも紹介したように、この金融政策では、インフレ率を調整しようとすることには限界があります。なぜなら、金利はゼロ以下にはできないし、あまりに高く設定すると利払い費が拡大してかえって資金供給量が増えてしまうからです。

そして、今の日本はデフレです。金融政策の視点から言うなら、金利をもっと引き下げないといけないのですが、もうすでに金利はほぼゼロになっており、これ以上、金利引き下げができない状況になっています。つまり今の日本では、もはや金融政策は限界の状況に到達しており、その有効性も喪失しているのです。

こういう状況において、絶対的に必要になってくるのが「財政政策」です。金利がゼロであろうがなんであろうが、「政府が」投資や消費を拡大させれば、貨幣循環量を「直接的」に拡大し、デフレから脱却することが可能となるからです。

財政政策が金融政策よりも強力にインフレ率を調整することができるのは、次の2つの理由によります。

1つめ。財政政策は直接的に貨幣循環量を調整することができるので、デフレであってもインフレであっても、また、どんな状況下でもインフレ率をより細かく調整することができます。

2つめ。デフレ状況下において財政支出を拡大し、経済成長率gを強制的に上向かせることができ、経済成長率が資本収益率rを上回ることができれば、金融経済から実体経済へ自動的にオカネが流入することになります。

すると、政府支出の拡大がなくとも、貨幣循環量が自動的に拡大する、つまり、自動的にインフレ率が上昇することになります。

デフレ下での財政政策は「呼び水」としての機能もある、ということです。

つまり財政政策には、直接的にインフレ率を上昇させる効果があることはもちろんですが、rとgの大小関係が変わることでオカネの流れが変わる、つまり市場のメカニズムを通してインフレ率が自動的に上昇する状況へと導くわけです。

ただし、財政政策が「呼び水」となるためには、十分な支出額が必要です。十分に支出せずに、資本収益率のほうが高い「r＞g」の大小関係が変わらなければ、実体経済から金融経済へのオカネの流出は止まらず、インフレ率は一向に上昇しないことになります。

言い方を変えれば、金融経済より実体経済のほうが儲かる「r＜g」の関係が成立するだけの十分な額の支出を政府が行えば、金融経済から実体経済へオカネが流れる状況を生み出すことができる、ということです（そして、そうなれば追加的な政府支出はもう必要がなくなるのです）。

実務的に言うと、デフレ脱却のためには、「人々のデフレマインドが払拭できる程度の期間だけ、一時的に、十分な金額の財政支出を行うことが必要だ」ということになります。


では、十分な金額とはどの程度の金額でしょうか。

理論上、それは、「デフレからインフレになるにあたって不足している需要量」です。この「不足している需要量」のことを「デフレギャップ」と言います。

デフレギャップとは、「市場が持っている供給量から、その時点での需要量を差し引いた水準」のことです。

ただし、インフレ率0％から2％を目指すという場合には、供給を幾分か上回る水準の財政支出が必要になります。ちなみに、我が国の過去の統計データに基づいて簡便に試算すると、毎年15兆円程度の政府支出を準備する必要があるということになります。

「人々のデフレマインドが払拭できる程度の期間」とはどの程度の期間でしょうか。政府支出の追加がなくても投資・消費が拡大していくようになるまでの期間、ということに他ならないのですが、状況によって異なり、長いデフレのあとには相応に長い期間が必要です。

日本は20年以上に及ぶデフレを経験してきています。ついては少なくとも2〜3年は必要であり、消費税10％の影響を加味すれば5〜6年程度は十分な政府支出を毎年用意することが必要となるのではないかと、筆者は考えています。

ただし、実際の年数は、実際に財政政策を展開していくことで初めて明らかになるでしょう。それはちょうど、病院での治療行為で、治療がどれくらいかかるかは、事前におおよそ予想できるものではありますが、実際にはやってみないとわからない、という話と同じです。

インフレ抑制のための政府支出は無理なの？

デフレ脱却のためには十分な政府支出拡大が必要だというMMTの主張には、しばしば、

「インフレ抑制のための支出調整など政治的に無理だ」という批判が浴びせられます。

次のような趣旨の批判です。

いったん15兆円程度の数カ年の政府支出の拡大を行えば、抑制できなくなる。予算は一度つくればそれを前提とした社会構造ができ上がるわけだから、変更するには多大な手間とコストがかかるのではないか？

増税や再出決定には法律改正や国会での議決が必要なのだから、インフレ率を見て機動的に変えるなどということはできるはずがないじゃないか——。

これらは、実は、かなり愚かしい批判です。なぜなら、いったん財政政策を拡大すれば抑制できなくなるという主張を裏付ける現実は、今の日本には見当たらないからです。

政府予算は、補正予算と当初予算で構成されています。直近の10年、20年の日本政府の予算を振り返ると、当初予算の急激な増減はありませんが、補正予算については、多いときには15兆円程度、そしてほとんどゼロの場合もありました。

このことはつまり日本政府の予算は、15兆円程度の「泳ぎしろ」というものがあって運用されているということを意味しています。だから、急激な予算の増減に対しては、「補正予算」の枠組みを効果的に活用すればいいだけの話なのです。

また、政治の理念から言っても、いったん財政政策を拡大すれば抑制できなくなるという主張は耳を疑うものです。予算は国会の決議における最重要項目です。予算が調整できなくなる、という主張は、日本では民主主義が機能していない、と主張するのと同じことです。そんな主張は「選挙で選んだ政治家に政治権力を付与すれば、汚職する奴が必ず出てくる。だから政治家の政治権力をすべて剥奪《はくだつ》してしまおう」というのと質的になにも変わりません。つまりそれは、民主主義や政治そのものを否定する暴論としか言いようがないのです。

さらに言うと、「いったん財政政策を拡大すれば抑制できなくなる」という主張は、「日本の予算の抑圧能力」を著しく過小評価するものでもあります。

そもそも日本がデフレで苦しめられているのは、国会で決められる予算の総額が、適正な水準よりもはるかに低い水準に抑制されてきたからです。

たとえば公共投資などは、かつての半分程度にまで削減されてきました。日本は、かつて大きかった政府支出を「民主主義」の力で「削減してきた」という実績を持つのです。

インフレ抑制のための支出調整などは、政治的に無理だ、ということがあるはずがありません。

それでもなお不安があるのなら、支出拡大を緊急経済対策と位置づけて、デフレ脱却を確認したうえで終了するとあらかじめ政治的に決定しておけばそれで済みます。

もちろん、数カ年ではあっても15兆円程度の規模の政府支出を用意し、それらをすべて合理的に使う、つまりワイズ・スペンディング（かしこい支出）を行うのは必ずしも簡単なことではありません。

ワイズ・スペンディングのためには、それぞれの投資分野ごとの長期投資計画をたとえば10年で完了させるという見通しで立案しておき、支出拡大が求められる時期には計画を前倒しして、たとえば5年で完了するスピードで実施して支出額を拡大する、といった考え方も必要になるでしょう。

支出の縮小が求められる時期には、計画を後ろ倒しして、たとえば15年で終了するスピードで実施して支出額を縮小させるわけです。

こうしておけば、支出項目については長期的な視点から策定済みなところへもってきて、支出についてはその時々の状況に合わせて柔軟に調整することで無駄を排除し、かしこく支出することができます。

そして、合理的な政府支出、つまりワイズ・スペンディングを具体的に進めるためのアプローチとして、「就労・賃金保証」プログラムを長期的な投資計画と連動させながら進めていく、という方法を考えることもできます。

「就労・賃金保証」プログラムと長期的な投資計画との連動は、以下の4つの望ましい帰結を導くものであり、極めて効果的かつ強力な経済財政政策になりうるものです。

第1に、貨幣循環量が調整でき、インフレ率を適正化できる。
第2に、長期的・計画的な視点から効率的な投資ができる。
第3に、完全雇用と最低賃金を上昇させることができる。
そして第4に、政府が拡大すべきと考える産業をさらに拡大・高度化することができる。

また、「就労・賃金保証」プログラムの導入に加えて、所得税や法人税を見直し、消費税をインフレ率に連動させる仕組みなどの税制改革を行ってビルトイン・スタビライザーの機能を強化することで、インフレ率も安定化して推移することが期待されるはずです。15兆円もの補正予算を数カ年継続すべきだという状況それ自体を回避することにもなるでしょう。

つまり、ビルトイン・スタビライザー機能を明確に狙った制度設計をしておくことで、政府支出の真水の増減に依存する度合いそのものを軽減することが可能となります。

むしろ、「最後の砦」とも言いうる、「真水」の政府支出の増減を通して、むりやり帳尻を合わせるようなインフレ率調整よりも、ビルトイン・スタビライザー機能を駆使して制度設計を行い、経済を可能な限り安定的に成長させる環境を整えるほうが、インフレ率は容易に調整できるようになる、と言うことができるでしょう。

構造政策、貿易政策、移民政策でインフレ率が調整できるの？

「貨幣循環量」調整策には「財政金融政策」ともうひとつ、環境整備を通して間接的に調整を図る「市場環境政策」があります。

市場環境とは、民間の経済活動のインフラや仕組みなどのことです。これを調整してオカネの供給量を調整するのが「市場環境政策」です。

代表的な対策が3つあります。「構造政策」、「貿易政策」、「移民政策」です。

これらは直接的に貨幣循環量、つまり「需要」を操作しようとする対策ではありません。「供給」の増減でインフレ率を操作します。同時に国内の企業利益、国民の賃金を間接的に増減させることで「貨幣循環量」にも影響を及ぼそうとする対策です。

デフレ状況下では、構造政策においては「規制緩和の抑止」あるいは「規制強化」、貿易政策においては「保護貿易」の推進がデフレ圧力を減らします。

国内マーケットで国内外の大企業の供給量が拡大・進出することが避けられ、その結果として「過当競争」による価格の下落を抑えることができるからです。

価格の下落が抑えられれば、賃金の下落に歯止めがかかります。そうした推移を通して、国民の消費や投資が活性化し、貨幣循環量が拡大していくわけです。

多くの人は、規制緩和は良いことだと考えているようです。確かに、規制や貿易制度が雇用と賃金を強く抑圧している国では規制緩和はその国の経済を成長させます。しかし日本は経済大国として成長し、国内に巨大な産業を抱えている国です。そうした国では、規制緩和は雇用と賃金の上昇どころか、むしろ下落を招くのです。とりわけデフレ状況の今、ただでさえ「過剰」になっている供給が、さらに過剰になってしまうからです。

一方、保護貿易や規制強化は、外国企業や国内大企業が各地域の市場に自由にアクセスすることを制御します。これは、各地の需要を外国企業や国内大企業が奪取してしまうことを防ぎます。直接的に貨幣循環量の下落を抑止し、さらには貨幣循環量が拡大する結果となります。

移民政策においては、「移民抑制」が具体的な対策です。労働市場への外国人労働力の「供給」を低下させるということです。

これは、日本人の賃金の下落を食い止めると同時に、外国人労働者に賃金を奪取されることを防ぎます。外国人労働者は、必ずしも日本国内で消費や投資を行うとは限らないのです。

何度も繰り返し指摘しますが、今の日本は完全なデフレ状況です。既存の産業や雇用、そして賃金を守っていく姿勢が大切です。国内のマーケットをいたずらに開放していくことは、デフレ緩和とは逆の姿勢です。

ただし、過剰なインフレ状態では、右でお話をしたのと逆の対策をとることになります。インフレは、供給が不足して物価が過剰に上がっていく、という状況です。

供給が不足しているのですから、貿易政策においては自由貿易を促進して外国企業が日本に進出することを「許容」します。構造政策においては、規制を緩和して、大企業が全国各地に進出することを「許容」します。移民政策においても、外国人労働力の流入を「許容」します。

とはいえ外国人労働力については、流入にともなう社会的費用の拡大に留意する必要があります。

社会的費用とは、秩序や治安の維持などにかかる費用、国内の人々や社会が直接的間接的に受ける可能性のある損害のことです。ソーシャルコストとも呼ばれます。

これらの対策は、貨幣循環量が増加する加速度を抑制していく、という対策です。

ただし、こうした自由化の取り組みは、やりすぎてしまうと「加速度」だけではなく「速度」そのものまで抑制してしまい、貨幣循環量の縮小を招きます。つまり、過剰な自由化はデフレを招く危険性をはらんでいるわけです。

どうして消費減税とインフラ整備でインフレ率が調整できるの?

ここまでにお話ししてきたことは、「マイルドなインフレ」を目指すための対策です。「マイルドなインフレ」とは、貨幣循環量の縮小を避けながら、過剰に拡大していくことも避け、穏やかに安定的に貨幣循環量が拡大していくインフレのことです。

それに対して、先にも紹介したような、インフレには「悪性インフレ」というものがあります。マイルドなインフレを目指す対策を円滑に進めるためには、「悪性インフレ」に対して策を展開する市場環境整備が必要です。

インフレによって賃金が上昇していくタイプのインフレは良質なインフレです。一方、賃金の上昇につながらないタイプのインフレは悪質なインフレです。

したがって悪性インフレの要素は、可能な限り縮小する、さらに言えば除去したほうが得策です。ついては、以下に悪性インフレの要素を除去するための対策をまとめておきましょう。

まず、消費税です。消費増税による強制的な物価引き上げでもたらされる悪性インフレの影響は、もちろん、消費「減税」を行えば消滅します。

その結果として実質賃金は上昇し、消費が拡大し、さらに賃金が上昇していくという好循環が生まれます。

輸入資源・エネルギー価格の上昇によってもたらされる悪性インフレの要素を除去するには、「輸入資源・エネルギー価格の引き下げ」に向けた各種対策が必要です。

今、日本では、石油や天然ガスなどの輸入エネルギーの割合が上昇し、それが電力料金を上昇させ、悪性インフレ圧力となっています。原発が止まっている影響です。エネルギー政策についてはさまざまな議論がありますが、少なくとも悪性インフレ対策という意味では、原発再稼働は効果的です。

資源・エネルギーの輸入オプションを多様化しておくことも有効です。オプションとは、選択できる種類、幅、という意味です。オプションが多様化するということは、価格交渉力が高まる、ということです。

そのためにも、中東各国など、資源輸出国との外交を維持・拡大しておくことが重要となります。また、近隣の資源輸出国との間で天然ガスパイプラインの整備計画を進めることも有効でしょう。天然ガスパイプラインの活用は、天然ガス輸入コストを3割程度削減できるとされています。

貿易コストの低減は、悪性インフレ対策における根本的な取り組みです。貿易コストの低減を目指す最も一般的な対策として、「世界最大規模の超大型コンテナ船が寄港可能な水深18メーターのコンテナ埠頭《ふとう》の整備」があります。

2015年、横浜に初めてそうした規模のコンテナ埠頭が完成しました。それまで日本には、世界最大規模の超大型コンテナ船が寄港できる港がひとつもなかったのです。ヨーロッパやアメリカの大型コンテナ船は、いったん、上海や釜山などで小型のコンテナ船に荷を積み替えて日本に運んでいました。そのために日本の貿易コストは割高になっていたのです。


物流コストの低減対策として、「国内の輸送の大半を占めるトラック輸送のコスト縮減」があります。

日本、フランス、アメリカ、イギリス、ドイツ、イタリア、カナダの7カ国をG7（Group of Seven）と言います。各国の財務相および中央銀行総裁が会議を行って意見交換する政治フォーラムを形成しています。

日本の高速道路網は、保有自動車当たりの整備延長がG7の中で最も短いのです。平均的な車線数も少ない、つまり、道路幅もG7の中で最も細くなっています。そのせいで日本の国内輸送コストは、G7の中でもとりわけ高いものとなっています。

高速道路の整備は、物流コストを引き下げるために有効です。とりわけ、日本の三大都市圏、つまり首都圏、中部圏、近畿圏における道路投資は、悪性インフレ対策にとって重大な意味を持ちます。

消費税対策、輸入資源・エネルギーの輸入コストの削減、交通インフラ整備などは、いずれも「必ずしも賃金に反映されない物価」を引き下げる効果を持つものです。

すなわち、これらの対策はいずれも「悪性インフレ対策」として機能しうるわけです。その結果、そうした物価の引き下げは、賃金や失業率に悪影響をもたらすものではなく、むしろ良好な影響をもたらすのです。

ということは、消費税対策、輸入資源・エネルギーの輸入コストの削減、交通インフラ整備などは、デフレであってもインフレであっても持続的に取り組むべき課題であると言うことができます。財政金融政策における政府の負担を軽減して、インフレ率の調整をより円滑にするための取り組みだということです。

そして、輸入資源・エネルギーの輸入コストの削減、交通インフラ整備などの悪性インフレを縮減する取り組みは、長期投資計画の下、「就労・賃金保証」プログラムの対象とするにふさわしいものです。

ここまでにお話をしてきた対策や政策は決して目新しいものではなく、ほとんどがこれまでのケインズ経済学ならびにポストケインズ経済学を踏襲しています。

しかし、「就労・賃金保証」プログラムや、「貨幣循環」調整策は、「政府が国債を発行することでデフォルトしない」という前提があるからこそ展開できる、つまり、より踏み込んだ政策が展開できる、としているところにMMTならではの特徴があります。

そのためにまた、MMTにおける政策論においては、これまでの経済理論に基づいた政策論よりも、より柔軟で多様な対策を検討することが可能となるのです。

インフレ率の調整についても、より豊富な「ツールボックス」、使える道具が提供されている、ということです。

政府がそれだけ豊富なツールボックスを持っていることに、多くの人たちは気がついていません。しっかりと目を開きましょう。

私たち国民は、その豊かなツールボックスを活用しながら、つまり政府を活用しながら、安定的に成長する経済を国民の力でつくり上げることができるのです。

おわりに

2021年10月、第100代となる岸田文雄内閣総理大臣が誕生し、岸田総理は所信表明演説で「新しい資本主義」を方針のひとつとして掲げました。

総裁選挙で明らかになったように、岸田総理は、財政に関して積極派でもあり緊縮派でもある、双方のグループに配慮するような自民党の真ん中の人です。

実は、この「新しい資本主義」は論理の建てつけ上、玉虫色になっています。より緊縮財政的な資本主義をそう呼ぶこともできるし、より積極財政的な資本主義をそう呼ぶこともできるようになっています。

新しいとは言うものの、その中身の性質については特に言及するものではないからです。

岸田総理がそのキーワードの下、もしも緊縮財政派に対する配慮を深めていくことになれば、日本が再生する確率はどんどん絶望的になっていくでしょう。

一方で、もしも積極財政を前提に政策を運営するなら、日本は救われるようになっていくでしょう。

日本が再生する、岸田総理が実現すべき新しい資本主義とはどういうものなのかと言えば、それは「インフレを前提とした資本主義」です。

今の日本の資本主義は、日本が20年以上もデフレであったわけですから当然「デフレを前提とした資本主義」となっています。

それは、物価が下落し、需要も賃金も下落していくことが前提となった資本主義です。それは企業も人々も積極的に投資を拡大しようとは思わず、業界や隣人、地域社会のためにカネを積極的に使おうとは思わない、皆がケチケチする資本主義です。

儲けや利益があれば積極的になにかに使うよりも、むしろ貯金しようと考え、積極的にカネを借りよう、融資を受けようなどとはつゆほども思わない資本主義です。

その結果、需要は縮小し、物価も賃金もさらに加速度的に下落していくことになります。

これが我が国の現在の資本主義のかたちです。

岸田首相は、こういう資本主義から脱却し、適切に利益が「分配」される資本主義を目指すのだと主張していますが、そのためには、マクロ経済状況がデフレから脱却し、インフレになることが絶対に必要なのです。

インフレになれば、物価が上がり、賃金も需要も皆、上昇していくことになります。そうなれば、将来のほうがお客さんも増えると期待できるから、あらゆる企業、世帯が今よりもより積極的に投資するようになるでしょう。

個人の消費についても、今よりも将来においてさらにオカネが儲かるようになると期待できるので、もっと積極的にオカネを使うようになるでしょう。

そうなれば、デフレの今、特定の個人や法人の懐《ふところ》に滞留してしまっている膨大な資金が一気に動き出し、あらゆる人々に「分配」されるようになっていくのです。

だから、岸田総理が、「適正な分配をもたらす資本主義」をというスローガンを掲げるのなら、デフレからの脱却をいの一番に考えねばならないのです。

だとすれば岸田総理は、いったいなにをしなければならないのかと言えば――本書で繰り返し論じたように、デフレを脱却するまで、積極的に政府支出を拡大していく他に道はないのです。

政府がどれだけ声を張り上げて「賃金を上げてくれ！」と経営者に懇願したところで、デフレ経済が続く限り、本格的に賃金を上げてくれる企業など出てくるはずがありません。

仮にそういう企業が出てきたとしても、限られたパイを奪い合う激しい企業間競争が繰り広げられるデフレ経済状況下では、その企業の競争力は下落し、淘汰《とうた》されていく他ないからです。

岸田総理が新しい資本主義というものを「本気」で「本当」に打ち立てようとするのであれば、インフレ率が十分に高くなるまで財政政策を続けるというMMTの主張を採用せざるをえないでしょう。

そうした財政政策をしっかり行えば、経済が成長することになり、経営者が富を得ることができるようになります。過剰な競争というものもしなくて済むようになります。そのときに初めて社員に給料を配分するという余地が生まれます。

もちろん、適正な分配の実現にとって、デフレからの脱却は「必要条件」であって、必ずしも「十分条件」ではありません。だから岸田内閣は、デフレ脱却を目指すと同時に、経営者が富を社員に分配「しやすい」仕組みを整えていくことも必要です。

四半期ごとの決算開示の頻度を下落させ、年に一回だけにしていくとか、会社法を改定し、分離されてきた「経営と資本」を再統合し、会社は資本家のものではなくて社長・社員のものだということにしていくといった取り組みも必要でしょう。そうしていくことで、投機目的で投資した人たちに分配する量を減らしていくことが可能になるわけです。

デフレから脱却した上で、さまざまな制度改革を行う。そうすることで岸田総理がイメージしている分厚い中間層が復活することになるはずです。

しかし、繰り返しますがそうした取り組みにおける必要条件はデフレ脱却なのです。これなくしてどれだけ制度の改変を行ったとしても、適正な分配が進められることなど万に一つもないのです。

需要が減り続けるデフレ経済を放置したまま、分厚い中間層を復活したいと言ったところで、月の裏側で弁当を売って大金持ちになるんだと叫んでいるようなものです。誰も買わないし、買えません。そんなものは不可能なのです。

ただし、デフレ脱却のための積極財政の展開において、より「適正な分配」が実現しやすい項目に政府支出を活用していく、という方針は極めて重要です。

たとえば、小企業支援策の拡充、中小企業庁の官僚の増員、貧困化している地域への投資などで貧困化は直接的に減少します。あるいは、法人税の累進性の導入で所得を再分配していくという方法も適切でしょう。

ちなみに、岸田総理は日頃から、「社中分配すれば所得は倍増できる」と言っていますが、これは根本的に間違っています。これが実現できるのは一部の上場企業だけです。株主配当を給料に回していけば所得は倍増できるのはその通りかもしれませんが、株主配当などしていない中小企業が、日本ではほとんどなのです。

所得を倍増するには、社中の分配だけではなく、中小企業の売上そのものを上げるような経済環境をつくる以外にありません。

現在の資本主義は、株主資本主義とも呼ばれます。それはアメリカ最大の経済団体「ビジネス・ラウンド・テーブル」が、１９９０年代に株主第一主義を宣言したことに発します。

遅ればせながら、ここ10年ほどの間に日本にも激しく導入され、相応に会社法も変わってきました。ところが本場アメリカでは、株式第一主義を標榜していたビジネス・ラウンド・テーブルが２０１９年から株主第一主義を取り下げ、株主よりも労働者、地域社会、顧客の利益を大事にしましょうという方向に方針を大きく転換させたのです。こうした資本主義の転換は、「株主資本主義」から「公益資本主義」への転換と一般に言われています。

日本も、公益資本主義と呼ばれる方向に変わっていくべきですし、岸田総理はそうした方針を具体的に目指そうとしていると筆者は感じています。

しかし、アメリカでのそうした方針転換には意味があったとしても、日本では大きな意味を持ち得ないのだ、と指摘せざるを得ません。なぜならアメリカには、日本において克服せねばならない最重要課題である「デフレ」は存在していないからです。

その状況では、株主第一主義から転換する方針を採用すれば、分配はより効果的に適正化していくことでしょう。しかし日本はいまだにデフレなのです。そんな状況の中、デフレを放置したままでなにをやったところで、分配が適正化されることなどありえないのです。

今、岸田総理がなによりも理解すべきはこの一点なのです。

では岸田総理は、これからこうした指摘をしっかりと理解し、彼が主張している適正な分配を実現するためには、「積極財政に基づくデフレ脱却」こそが必要条件なのだと肝に銘じ、そうした「正しい道」に基づいて、国民を本当に豊かにできる「新しい資本主義」を実現することができるのでしょうか。

筆者は、彼がそんな「正しい道」を歩んでいるのか否かを推し測るには、現時点においては次の2つに注目しておくことが重要ではないかと考えています。

まず1つは、内閣によって組まれた補正予算の内訳に、「真水」つまり政府の直接的な支出が何兆円組まれているかを確認すること。そしてそれに続く、さらなる補正予算や当初予算が、積極的なものとなっているか否かをチェックし続けること。

そしてもう1つは、ここ10年ほど推進されてきた株主資本主義型のさまざまな会社法等における制度改革を、放置する・加速する・元に戻すのうち、どの方向が採用されるのかを見ていくということ。

無論、加速したらアウト、なにもしなければまだまし、より良いのは、時計の針を「逆に戻す」再改定がなされていくことです。

果たして、岸田総理は我々日本国民を豊かにする新しい資本主義をつくり上げることができるのでしょうか。そして、総裁選の折りに何度も主張していた「所得倍増」を成し遂げることができるのでしょうか――しっかりチェックして参りましょう。

そして、本書で論じたような正しい方針が遂行されようとするなら、国民として彼を支援し、そうでなければ徹底的に批判し、必要に応じて別の内閣・政権の誕生を実現する道を探って参りましょう。

いずれにしても政治は政治家のものなのではなく、我々国民のもの、なのですから。

藤井 聡

２０２１年11月

MdN新書
029

超入門《ちょうにゅうもん》MMT

2021年12月11日　初版第1刷発行
2022年 2 月11日　初版第2刷発行

著　者　**藤井《ふじい》 聡《さとし》**

発行人　山口康夫
発　行　株式会社エムディエヌコーポレーション
〒101-0051　東京都千代田区神田神保町一丁目105番地
https://books.MdN.co.jp/
発　売　株式会社インプレス
〒101-0051　東京都千代田区神田神保町一丁目105番地
装丁者　前橋隆道
編集協力　尾崎克之
デザイン　進藤航（tokyo synergetics）
DTP　三協美術
印刷・製本　中央精版印刷株式会社

カスタマーセンター
万一、落丁・乱丁などがございましたら、送料小社負担にてお取り替えいたします。
お手数ですが、カスタマーセンターまでご返送ください。

落丁・乱丁本などのご返送先
〒101-0051　東京都千代田区神田神保町一丁目105番地
株式会社エムディエヌコーポレーション　カスタマーセンター　TEL：03-4334-2915

書店・販売店のご注文受付
株式会社インプレス　受注センター　TEL：048-449-8040 ／ FAX：048-449-8041

内容に関するお問い合わせ先
株式会社エムディエヌコーポレーション　カスタマーセンターメール窓口 **info@MdN.co.jp**
本書の内容に関するご質問は、Eメールのみの受付となります。メールの件名は
「超入門MMT　質問係」としてください。電話やFAX、郵便でのご質問にはお答えできません。

Senior Editor 木村健一　Editor 河西 泰

ISBN978-4-295-20240-0　C0233